支持乡村振兴 税费优惠好帮手

林溪发 编著

厦门大学出版社　国家一级出版社
XIAMEN UNIVERSITY PRESS　全国百佳图书出版单位

图书在版编目（CIP）数据

支持乡村振兴税费优惠好帮手 / 林溪发编著. -- 厦
门：厦门大学出版社，2023.3
　　ISBN 978-7-5615-8949-6

　　Ⅰ．①支… Ⅱ．①林… Ⅲ．①农村经济建设－税收优
惠－税收政策－中国 Ⅳ．①F812.422

中国版本图书馆CIP数据核字(2023)第040734号

出 版 人	郑文礼
责任编辑	潘 瑛
策划编辑	姚五民
美术编辑	李嘉彬
技术编辑	许克华

出版发行	厦门大学出版社
社　　址	厦门市软件园二期望海路 39 号
邮政编码	361008
总　　机	0592-2181111　0592-2181406(传真)
营销中心	0592-2184458　0592-2181365
网　　址	http://www.xmupress.com
邮　　箱	xmup@xmupress.com
印　　刷	厦门集大印刷有限公司

开本	720 mm×1 020 mm　1/16
印张	13.5
插页	1
字数	242 千字
版次	2023 年 3 月第 1 版
印次	2023 年 3 月第 1 次印刷
定价	49.00 元

本书如有印装质量问题请直接寄承印厂调换

厦门大学出版社
微信二维码

厦门大学出版社
微博二维码

前　言

2022 年 10 月 16 日，中国共产党第二十次全国代表大会开幕，习近平总书记代表第十九届中央委员会向大会所作的报告指出，"全面推进乡村振兴，坚持农业农村优先发展，巩固拓展脱贫攻坚成果，加快建设农业强国，扎实推动乡村产业、人才、文化、生态、组织振兴，全方位夯实粮食安全根基，牢牢守住十八亿亩耕地红线，确保中国人的饭碗牢牢端在自己手中"。为服务好乡村振兴这一国家长远战略，党中央、国务院近年来出台了一系列税费优惠政策，持续支持并推进乡村振兴。

为使广大农村居民、乡镇农村干部、纳税人和财税工作者准确掌握和及时运用各项支持乡村振兴税费优惠政策，笔者结合多年的财税实践工作经验，对这些优惠政策进行梳理提炼并著成《支持乡村振兴税费优惠好帮手》一书，力求让纳税人充分享受税费优惠红利，充分发挥办税"好帮手"的作用。

本书共十四章，主要内容及亮点为：

1. 全面解析支持乡村振兴最新免税、减税政策

本书从房产税、城镇土地使用税、契税、印花税、耕地占用税、车船税、资源税、增值税、企业所得税、个人所得税、关税、城市维护建设税、教育费附加、地方教育附加、文化事业建设费、政府性基金等税费入手，全方位宣传解读支持乡村振兴税费优惠政策，助力国家乡村振兴。

2. 系统分析支持乡村振兴税费优惠政策难点、重点

本书精选了纳税人及财税实务工作者在适用支持乡村振兴税费优惠政策时遇到的 101 个问题以具体的案例分析解答抽象的优惠政策，通过"提问""林老师解答""政策依据"等栏目，分门别类解析支持乡村振兴税费优惠政策应用和实际操作方面的重点、难点。

希望本书能帮助广大纳税人和财税工作者学习并掌握支持乡村振兴税费优惠政策，为全面推进乡村振兴贡献自己的一份力。

林溪发

2023 年 1 月

目 录

第一章
支持乡村振兴房产税优惠

第一节　农村饮水安全工程房产税优惠

案例 1

负责饮水工程运营管理的村集体经济组织
自用的厂房可以免征房产税吗？

　　A 单位是一家负责饮水工程运营管理的村集体经济组织,其运营管理的饮水工程属于为农村居民提供生活用水而建设的供水工程设施。

　　A 单位于 2022 年 10 月取得一栋厂房,该栋厂房由 A 单位自用。

　　提问 林老师,A 单位自用的厂房可以免征房产税吗？

林老师解答

　　可以。

◆ 政策依据

财政部　国家税务总局
关于继续实行农村饮水安全工程税收优惠政策的公告

2019 年 4 月 15 日　财政部　税务总局公告 2019 年第 67 号

　　三、对饮水工程运营管理单位自用的生产……房产……,免征房产税……

　　……

1

六、本公告所称饮水工程,是指为农村居民提供生活用水而建设的供水工程设施。本公告所称饮水工程运营管理单位,是指负责饮水工程运营管理的……村集体……等单位。

……

八、上述政策(第五条除外)自 2019 年 1 月 1 日至 2020 年 12 月 31 日执行。

财政部 税务总局关于延长部分税收优惠政策执行期限的公告

2021 年 3 月 15 日　财政部 税务总局公告 2021 年第 6 号

一、《财政部 税务总局关于设备器具扣除有关企业所得税政策的通知》(财税〔2018〕54 号)等 16 个文件规定的税收优惠政策凡已经到期的,执行期限延长至 2023 年 12 月 31 日,详见附件 1。

附件 1

财税〔2018〕54 号等 16 个文件

序号	文件名称	备注
……	……	……
8	《财政部 税务总局关于继续实行农村饮水安全工程税收优惠政策的公告》(财政部 税务总局公告 2019 年第 67 号)	

划重点　消痛点

本案例中,假定 A 单位于 2022 年 11 月取得一套住宅用于出租,则该套住宅不属于自用的房产,应按规定征收房产税。

案例 2

负责饮水工程运营管理的农民用水合作组织自用的办公楼可以免征房产税吗?

B 合作社是一家负责饮水工程运营管理的农民用水合作组织,其运营管理的饮水工程属于为农村居民提供生活用水而建设的供水工程设施。

B 合作社于 2022 年 10 月取得一栋办公楼,该栋办公楼由 B 合作社自用。

提问 林老师,B 合作社自用的办公楼可以免征房产税吗?

林老师解答

可以。

◆政策依据

财政部 国家税务总局
关于继续实行农村饮水安全工程税收优惠政策的公告

2019 年 4 月 15 日 财政部 税务总局公告 2019 年第 67 号

三、对饮水工程运营管理单位自用的……办公用房产……，免征房产税……

……

六、本公告所称饮水工程，是指为农村居民提供生活用水而建设的供水工程设施。本公告所称饮水工程运营管理单位，是指负责饮水工程运营管理的……农民用水合作组织等单位。

划重点 消痛点

根据财政部 税务总局公告 2019 年第 67 号第三条、第六条的规定，负责饮水工程运营管理的自来水公司、供水公司、供水（总）站（厂、中心）、村集体自用的生产、办公用房产，也可以免征房产税。

案例 3

饮水工程运营管理单位既向城镇居民供水，又向农村居民供水，其自用的房产可以免征房产税吗？

C 合作社是一家负责饮水工程运营管理的农民用水合作组织。

C 合作社运营管理的饮水工程既向城镇居民供水，又向农村居民供水，C 合作社可以准确核算向农村居民供水量占总供水量的比例。

C 合作社于 2022 年 10 月取得一栋厂房，该厂房由 C 合作社自用。

❓提问 林老师，C 合作社自用的厂房可以免征房产税吗？

林老师解答

C 合作社依据向农村居民供水量占总供水量的比例计算该栋厂房可免征的房产税。

◆ **政策依据**

财政部 国家税务总局
关于继续实行农村饮水安全工程税收优惠政策的公告

2019 年 4 月 15 日 财政部 税务总局公告 2019 年第 67 号

六、……

对于既向城镇居民供水，又向农村居民供水的饮水工程运营管理单位，……依据向农村居民供水量占总供水量的比例免征……房产税……

划重点 消痛点

本案例中，假定 C 合作社无法提供向农村居民供水量占总供水量的具体比例，或所提供数据不实，则根据财政部 税务总局公告 2019 年第 67 号第六条第二款的规定，C 合作社自用的厂房不得享受免征房产税的优惠政策。

第二节　农产品批发市场、农贸市场房产税优惠

案例4

农贸市场直接为农产品交易提供服务的营业用房可以免征房产税吗？

D农贸市场于2021年9月经工商登记注册成立。

2022年10月，D农贸市场取得一栋营业用房作为供买卖双方进行农产品及其初加工品现货批发或零售交易的场所，直接为农产品交易提供服务。

❓**提问** 林老师，D农贸市场的营业用房可以免征房产税吗？

林老师解答

可以。

◆**政策依据**

财政部 税务总局
关于继续实行农产品批发市场 农贸市场房产税 城镇土地使用税优惠政策的通知
2019年1月9日　财税〔2019〕12号

一、自2019年1月1日至2021年12月31日，对农产品批发市场、农贸市场（包括自有和承租，下同）专门用于经营农产品的房产……，暂免征收房产税……

二、农产品批发市场和农贸市场，是指经工商登记注册，供买卖双方进行农产品及其初加工品现货批发或零售交易的场所。农产品包括粮油、肉禽蛋、蔬菜、干鲜果品、水产品、调味品、棉麻、活畜、可食用的林产品以及由省、自治区、直辖市财税部门确定的其他可食用的农产品。

三、享受上述税收优惠的房产……，是指农产品批发市场、农贸市场直接为农产品交易提供服务的房产……

财政部 税务总局
关于延长部分税收优惠政策执行期限的公告

2022 年 1 月 29 日　财政部 税务总局公告 2022 年第 4 号

一、……《财政部 税务总局关于继续实行农产品批发市场 农贸市场房产税 城镇土地使用税优惠政策的通知》（财税〔2019〕12 号）……中规定的税收优惠政策，执行期限延长至 2023 年 12 月 31 日。

划重点　消痛点

本案例中，假定 D 农贸市场的该栋营业用房同时经营其他产品，则根据财税〔2019〕12 号文件第一条的规定，该栋营业用房应按照其他产品与农产品交易场地面积的比例确定征免房产税。

第三节　青藏铁路公司房产税优惠

案例 5

青藏铁路公司所属单位自用的办公楼可以免征房产税吗？

青藏铁路公司 E 车务段于 2022 年 10 月取得一栋办公楼，该栋办公楼由 E 车务段自用。

？提问 林老师，E 车务段自用的办公楼可以免征房产税吗？

林老师解答

可以。

◆政策依据

财政部　国家税务总局
关于青藏铁路公司运营期间有关税收等政策问题的通知

2007 年 1 月 11 日　财税〔2007〕11 号

五、对青藏铁路公司及其所属单位自用的房产……免征房产税……
……

青藏铁路公司所属单位名单见附件。

本通知自 2006 年 7 月 1 日起执行……

附件

青藏铁路公司所属单位名单

序号	单位名称
1	西宁车站
2	西宁车务段
3	德令哈车务段
4	格尔木车务段

5	西宁供电段
6	西宁机务段
7	西宁工务段
8	格尔木工务段
9	西宁工务机械段
10	西宁电务段
11	西宁车辆段
12	西宁客运段
13	西宁房建生活段
14	格尔木房建生活段
15	西宁物资采购供应中心
16	青藏铁路公安局
17	西宁铁路公安处
18	格尔木铁路公安处
19	拉萨公安处
20	拉萨车站（拉萨办事处）
21	西宁疾病预防控制所
22	青藏铁路公司党校
23	西宁乘务员公寓
24	青藏铁道资金结算所
25	建设项目管理所
26	青藏铁路公司装卸管理所
27	青藏铁路公司驻北京办事处

划重点 消痛点

本案例中，假定 E 车务段于 2022 年 11 月取得一套商铺用于出租，则根据财税〔2007〕11 号文件第五条的规定，该商铺属于非自用的房产，应按规定征收房产税。

第二章
支持乡村振兴城镇土地使用税优惠

第一节　农田水利建设城镇土地使用税优惠

案例 6

水利设施及其管护用地可以免征城镇土地使用税吗?

A 水库于 2022 年 10 月取得一幅地块的国有土地使用权,A 水库将该幅地块作为水利设施及其管护用地。

❓提问 林老师,A 水库的水利设施及其管护用地可以免征城镇土地使用税吗?

林老师解答

可以。

◆政策依据

国家税务局
关于水利设施用地征免土地使用税问题的规定

1989 年 2 月 3 日　国税地字〔1989〕第 14 号

一、对水利设施及其管护用地(如水库库区、大坝、堤防、灌渠、泵站等用地),免征土地使用税;……

划重点 消痛点

本案例中,假定 A 水库将取得的土地作为生产、办公用地,则根据国税地字〔1989〕第 14 号文件第一条的规定,该土地应按规定征收城镇土地使用税。

案例 7

负责饮水工程运营管理的村集体经济组织
自用的土地可以免征城镇土地使用税吗?

B 单位是一家负责饮水工程运营管理的村集体经济组织,其运营管理的饮水工程属于为农村居民提供生活用水而建设的供水工程设施。

B 单位于 2022 年 10 月取得一幅地块的国有土地使用权,B 单位将该幅地块作为其生产、办公用地。

❓提问 林老师,B 单位自用的生产、办公用土地可以免征城镇土地使用税吗?

林老师解答

可以。

◆ **政策依据**

财政部 国家税务总局
关于继续实行农村饮水安全工程税收优惠政策的公告

2019 年 4 月 15 日 财政部 税务总局公告 2019 年第 67 号

三、对饮水工程运营管理单位自用的生产、办公用……土地,免征……城镇土地使用税。

划重点 消痛点

本案例中,假定 B 单位既向城镇居民供水,又向农村居民供水,则根据财政部 税务总局公告 2019 年第 67 号第六条第二款的规定,B 单位自用的生产、办公用土地,依据向农村居民供水量占总供水量的比例征免城镇土地使用税。

第二节　农、林、牧、渔业生产用地城镇土地使用税优惠

案例8

直接用于从事养殖的土地可以免征城镇土地使用税吗？

C公司是一家水产养殖企业。

C公司于2022年10月取得一幅地块的国有土地使用权，C公司将该幅地块作为直接用于从事养殖的专业用地。

提问 林老师，C公司直接用于从事养殖的土地可以免征城镇土地使用税吗？

林老师解答

可以。

◆政策依据

中华人民共和国城镇土地使用税暂行条例

2011年1月8日　中华人民共和国国务院令第588号修订

第六条　下列土地免缴土地使用税：

……

（五）直接用于农、林、牧、渔业的生产用地；

国家税务局关于检发《关于土地使用税若干具体问题的解释和暂行规定》的通知

1988年10月24日　国税地字〔1988〕第15号

关于土地使用税若干具体问题的解释和暂行规定

十一、关于直接用于农、林、牧、渔业的生产用地的解释

直接用于农、林、牧、渔业的生产用地，是指直接从事于种植、养殖、饲养的专业用地……

划重点 消痛点

本案例中,假定 C 公司将取得的土地作为农副产品加工场地和生活、办公用地,则根据国税地字〔1988〕第 15 号文件第十一条的规定,该土地应按规定征收城镇土地使用税。

第三节　农产品批发市场、农贸市场城镇土地使用税优惠

案例 9

农贸市场直接为农产品交易提供服务的土地可以免征城镇土地使用税吗？

D农贸市场于2022年9月经工商登记注册。

2022年10月,D农贸市场取得一幅地块的国有土地使用权,并将该幅地块直接用于为农产品交易提供服务。

❓ 提问 林老师,D农贸市场直接为农产品交易提供服务的土地可以免征城镇土地使用税吗？

林老师解答

可以。

◆ 政策依据

财政部　税务总局
关于继续实行农产品批发市场　农贸市场房产税
城镇土地使用税优惠政策的通知

2019年1月9日　财税〔2019〕12号

一、自2019年1月1日至2021年12月31日,对农产品批发市场、农贸市场(包括自有和承租,下同)专门用于经营农产品的……土地,暂免征收……城镇土地使用税。……

二、农产品批发市场和农贸市场,是指经工商登记注册,供买卖双方进行农产品及其初加工品现货批发或零售交易的场所。农产品包括粮油、肉禽蛋、蔬菜、干鲜果品、水产品、调味品、棉麻、活畜、可食用的林产品以及由省、自治区、直辖市财税部门确定的其他可食用的农产品。

三、享受上述税收优惠的……土地,是指农产品批发市场、农贸市场直接为农产品交易提供服务的……土地。……

13

财政部 税务总局
关于延长部分税收优惠政策执行期限的公告

2022 年 1 月 29 日　财政部 税务总局公告 2022 年第 4 号

一、……《财政部 税务总局关于继续实行农产品批发市场 农贸市场房产税 城镇土地使用税优惠政策的通知》（财税〔2019〕12 号）……中规定的税收优惠政策，执行期限延长至 2023 年 12 月 31 日。

划重点　消痛点

本案例中，假定 D 农贸市场将该土地同时用于经营其他产品，则根据财税〔2019〕12 号文件第一条的规定，该土地应按照其他产品与农产品交易场地面积的比例确定征免城镇土地使用税。

本案例中，我们再假定 D 农贸市场于 2022 年 11 月取得一幅地块的国有土地使用权，并将其作为行政办公区、生活区用地，则根据财税〔2019〕12 号文件第三条的规定，该土地不属于财税〔2019〕12 号文件规定的优惠范围，应按规定征收城镇土地使用税。

第四节 安置残疾人就业城镇土地使用税优惠

案例 10

安置残疾人就业的单位可以减免城镇土地使用税吗？

E 公司于 2021 年 12 月在县城购置一栋办公楼自用，该栋办公楼占用的土地在当地政府划定的城镇土地使用税征税范围内。

E 公司自 2022 年 1 月起安置残疾人就业，2022 年月平均实际安置残疾人就业人数占 E 公司在职职工总数的比例为 40%，且实际安置残疾人人数为 16 人。

提问 林老师，E 公司的办公楼用地，2022 年度可以减免城镇土地使用税吗？

林老师解答

可以。

◆ 政策依据

财政部 国家税务总局
关于安置残疾人就业单位城镇土地使用税等政策的通知

2010 年 12 月 21 日   财税〔2010〕121 号

一、关于安置残疾人就业单位的城镇土地使用税问题

对在一个纳税年度内月平均实际安置残疾人就业人数占单位在职职工总数的比例高于 25%（含 25%）且实际安置残疾人人数高于 10 人（含 10 人）的单位，可减征或免征该年度城镇土地使用税。……

……

本通知自发文之日起执行。……

划重点　消痛点

　　本案例中,假定 E 公司实际安置残疾人人数为 6 人,不足 10 人,则根据财税〔2010〕121 号文件第一条的规定,E 公司的办公楼用地 2022 年度不能享受减免城镇土地使用税优惠。

第五节　易地扶贫搬迁城镇土地使用税优惠

案例 11

安置住房用地可以免征城镇土地使用税吗？

F公司是一家房地产开发企业。

2022年10月，F公司取得一幅地块的国有土地使用权用于建设安置住房。

❓提问　林老师，F公司的安置住房用地可以免征城镇土地使用税吗？

林老师解答

可以。

◆政策依据

财政部　国家税务总局
关于易地扶贫搬迁税收优惠政策的通知

2018年11月29日　财税〔2018〕135号

二、关于易地扶贫搬迁安置住房税收政策

......

（三）对安置住房用地，免征城镇土地使用税。

......

三、其他相关事项

......

（二）本通知执行期限为2018年1月1日至2020年12月31日。......

财政部 税务总局
关于延长部分税收优惠政策执行期限的公告

2021 年 3 月 15 日　财政部 税务总局公告 2021 年第 6 号

三、《财政部 税务总局关于易地扶贫搬迁税收优惠政策的通知》(财税〔2018〕135 号)……规定的税收优惠政策,执行期限延长至 2025 年 12 月 31 日。

划重点　消痛点

本案例中,假定 F 公司在商品住房等开发项目中配套建设安置住房,则根据财税〔2018〕135 号文件第二条第(四)项规定,F 公司应按照安置住房建筑面积占总建筑面积的比例,计算应予免征的安置住房用地相关的城镇土地使用税。

第六节 青藏铁路公司城镇土地使用税优惠

案例 12

青藏铁路公司所属单位自用的土地可以免征城镇土地使用税吗?

青藏铁路公司 G 车务段于 2022 年 10 月取得一幅地块的国有土地使用权,该幅地块由 G 车务段自用。

❓提问 林老师,G 车务段自用的土地可以免征城镇土地使用税吗?

林老师解答

可以。

◆政策依据

财政部 国家税务总局
关于青藏铁路公司运营期间有关税收等政策问题的通知

2007 年 1 月 11 日 财税〔2007〕11 号

五、对青藏铁路公司及其所属单位自用的……土地免征……城镇土地使用税;……

划重点 消痛点

本案例中,假定 G 车务段将取得的地块用于出租,则根据财税〔2007〕11号文件第五条的规定,该幅地块属于非自用的土地,应按规定征收城镇土地使用税。

第三章
支持乡村振兴契税优惠

第一节 农村饮水安全工程契税优惠

案例 13

负责饮水工程运营管理的村集体经济组织为建设
饮水工程而承受土地使用权,可以免征契税吗?

A 单位是一家负责饮水工程运营管理的村集体经济组织,其运营管理的饮水工程属于为农村居民提供生活用水而建设的供水工程设施。

2022 年 10 月,A 单位取得一幅地块的国有土地使用权,其产权登记在 A 单位名下,A 单位将该幅地块用于建设饮水工程。

提问 林老师,A 单位为建设饮水工程而承受土地使用权,可以免征契税吗?

林老师解答

可以。

◆**政策依据**

财政部 国家税务总局
关于继续实行农村饮水安全工程税收优惠政策的公告

2019 年 4 月 15 日 财政部 税务总局公告 2019 年第 67 号

一、对饮水工程运营管理单位为建设饮水工程而承受土地使用权,免征契税。

……

六、本公告所称饮水工程,是指为农村居民提供生活用水而建设的供水工程设施。本公告所称饮水工程运营管理单位,是指负责饮水工程运营管理的……村集体……等单位。

财政部 税务总局
关于契税法实施后有关优惠政策衔接问题的公告

2021 年 8 月 27 日 财政部 税务总局公告 2021 年第 29 号

四、除上述政策外,其他继续执行的契税优惠政策按原文件规定执行。涉及的文件及条款见附件1。

附件1

继续执行的契税优惠政策文件及条款目录

序号	文件标题及条款	文号
……	……	……
15	《财政部 税务总局关于继续实行农村饮水安全工程税收优惠政策的公告》第一条……	财政部 税务总局公告 2019 年第 67 号

划重点 消痛点

本案例中,假定 A 单位将取得的地块用于出租,则 A 单位承受该地块的土地使用权,应按规定征收契税。

21

第二节　优化土地资源配置契税优惠

案例 14

股份合作制改革后的农村集体经济组织承受原集体经济组织的土地、房屋权属，可以免征契税吗？

B 单位是一家农村集体经济组织。

B 单位进行股份合作制改革成立 B 股份经济合作社，改革后，B 单位将其名下的土地、房屋权属转移至 B 股份经济合作社名下。

提问 林老师，B 股份经济合作社承受原 B 单位的土地、房屋权属，可以免征契税吗？

林老师解答

可以。

◆政策依据

财政部　国家税务总局
关于支持农村集体产权制度改革有关税收政策的通知

2017 年 6 月 22 日　财税〔2017〕55 号

一、对进行股份合作制改革后的农村集体经济组织承受原集体经济组织的土地、房屋权属，免征契税。

财政部　税务总局
关于契税法实施后有关优惠政策衔接问题的公告

2021 年 8 月 27 日　财政部　税务总局公告 2021 年第 29 号

四、除上述政策外，其他继续执行的契税优惠政策按原文件规定执行。涉及的文件及条款见附件1。

附件 1

继续执行的契税优惠政策文件及条款目录

序号	文件标题及条款	文号
……	……	……
12	《财政部　税务总局关于支持农村集体产权制度改革有关税收政策的通知》第一条……	财税〔2017〕55 号

划重点　消痛点

本案例中,假定 B 股份经济合作社从甲公司承受土地、房屋权属,则应按规定征收契税。

案例 15

农村集体经济组织进行清产核资收回集体资产而承受土地、房屋权属,可以免征契税吗?

C 单位是一家农村集体经济组织。

2022 年 10 月,C 单位进行清产核资收回集体资产,并将收回的集体资产登记在 C 单位名下。

❓提问　林老师,C 单位进行清产核资收回集体资产而承受土地、房屋权属,可以免征契税吗?

林老师解答

可以。

◆政策依据

财政部 国家税务总局
关于支持农村集体产权制度改革有关税收政策的通知

2017 年 6 月 22 日　财税〔2017〕55 号

二、对农村集体经济组织……进行清产核资收回集体资产而承受土地、房屋权属,免征契税。

财政部 税务总局
关于契税法实施后有关优惠政策衔接问题的公告

2021年8月27日　财政部 税务总局公告2021年第29号

四、除上述政策外,其他继续执行的契税优惠政策按原文件规定执行。涉及的文件及条款见附件1。

附件1

继续执行的契税优惠政策文件及条款目录

序号	文件标题及条款	文号
……	……	……
12	《财政部 税务总局关于支持农村集体产权制度改革有关税收政策的通知》……第二条第一款……	财税〔2017〕55号

划重点　消痛点

根据财税〔2017〕55号文件第二条第一款的规定,进行清产核资收回集体资产而承受土地、房屋权属,可以享受免征契税优惠政策的单位,除本案例中的农村集体经济组织外,还包括代行集体经济组织职能的村民委员会、村民小组。

案例 16

农村集体经济组织进行集体建设用地使用权及地上房屋确权登记,需要征收契税吗?

D单位是一家农村集体经济组织。

2022年10月,D单位进行集体建设用地使用权及地上房屋确权登记。

提问　林老师,D单位进行集体建设用地使用权及地上房屋确权登记,需要征收契税吗?

林老师解答

不需要。

◆政策依据

财政部 国家税务总局
关于支持农村集体产权制度改革有关税收政策的通知

2017 年 6 月 22 日　财税〔2017〕55 号

三、对……集体建设用地使用权及地上房屋确权登记,不征收契税。

财政部 税务总局
关于契税法实施后有关优惠政策衔接问题的公告

2021 年 8 月 27 日　财政部 税务总局公告 2021 年第 29 号

四、除上述政策外,其他继续执行的契税优惠政策按原文件规定执行。涉及的文件及条款见附件1。

附件1

继续执行的契税优惠政策文件及条款目录

序号	文件标题及条款	文号
……	……	……
12	《财政部 税务总局关于支持农村集体产权制度改革有关税收政策的通知》……第三条	财税〔2017〕55号

划重点　消痛点

财税〔2017〕55 号文件第三条规定的不征收契税的情形,除本案例中的集体建设用地使用权及地上房屋确权登记外,还包括农村集体土地所有权、宅基地及地上房屋确权登记。

第三节　易地扶贫搬迁契税优惠

案例 17

易地扶贫搬迁贫困人口按规定取得的安置住房,可以免征契税吗?

张先生属于易地扶贫搬迁工作主管部门确定的易地扶贫搬迁贫困人口。

2022 年 10 月,张先生按规定取得安置住房,其产权登记在张先生名下。

❓提问 林老师,张先生按规定取得的安置住房,可以免征契税吗?

林老师解答

可以。

◆政策依据

财政部 国家税务总局
关于易地扶贫搬迁税收优惠政策的通知

2018 年 11 月 29 日　财税〔2018〕135 号

一、关于易地扶贫搬迁贫困人口税收政策

……

(二)对易地扶贫搬迁贫困人口按规定取得的安置住房,免征契税。

……

三、其他相关事项

(一)……易地扶贫搬迁贫困人口、相关安置住房等信息由易地扶贫搬迁工作主管部门确定。……

(二)本通知执行期限为 2018 年 1 月 1 日至 2020 年 12 月 31 日。……

财政部　税务总局
关于延长部分税收优惠政策执行期限的公告

2021 年 3 月 15 日　财政部　税务总局公告 2021 年第 6 号

三、《财政部　税务总局关于易地扶贫搬迁税收优惠政策的通知》（财税〔2018〕135 号）……规定的税收优惠政策，执行期限延长至 2025 年 12 月 31 日。

财政部　税务总局
关于契税法实施后有关优惠政策衔接问题的公告

2021 年 8 月 27 日　财政部　税务总局公告 2021 年第 29 号

四、除上述政策外，其他继续执行的契税优惠政策按原文件规定执行。涉及的文件及条款见附件 1。

附件 1

继续执行的契税优惠政策文件及条款目录

序号	文件标题及条款	文号
……	……	……
13	《财政部　税务总局关于易地扶贫搬迁税收优惠政策的通知》第一条第（二）项以及第二条第（一）（四）（五）项中关于契税的政策	财税〔2018〕135 号

案例 18

易地扶贫搬迁项目实施主体取得用于建设安置住房的土地，可以免征契税吗？

E 公司属于易地扶贫搬迁工作主管部门确定的易地扶贫搬迁项目实施主体。

2022 年 10 月，E 公司取得一幅地块用于建设安置住房，该幅地块的国有土地使用权登记在 E 公司名下。

? 提问　林老师，E 公司取得用于建设安置住房的土地，可以免征契税吗？

林老师解答

可以。

◆政策依据

财政部 国家税务总局
关于易地扶贫搬迁税收优惠政策的通知

2018 年 11 月 29 日　财税〔2018〕135 号

二、关于易地扶贫搬迁安置住房税收政策

（一）对易地扶贫搬迁项目实施主体（以下简称项目实施主体）取得用于建设安置住房的土地，免征契税……

……

三、其他相关事项

（一）易地扶贫搬迁项目、项目实施主体…………相关安置住房等信息由易地扶贫搬迁工作主管部门确定。……

划重点　消痛点

本案例中，假定 E 公司在商品住房等开发项目中配套建设安置住房，则根据财税〔2018〕135 号文件第二条第（四）项规定，E 公司应按照安置住房建筑面积占总建筑面积的比例，计算应予免征的安置住房用地相关的契税。

案例 19

易地扶贫搬迁项目实施主体购买商品住房作为安置住房房源，可以免征契税吗？

F 公司属于易地扶贫搬迁工作主管部门确定的易地扶贫搬迁项目实施主体。

2022 年 10 月，F 公司购买一批商品住房作为安置住房房源。

❓提问　林老师，F 公司购买商品住房作为安置住房房源，可以免征契税吗？

林老师解答

可以。

◆**政策依据**

财政部 国家税务总局
关于易地扶贫搬迁税收优惠政策的通知

2018 年 11 月 29 日　财税〔2018〕135 号

二、关于易地扶贫搬迁安置住房税收政策

……

（五）对项目实施主体购买商品住房……作为安置住房房源的，免征契税……

划重点　消痛点

本案例中，假定 F 公司于 2022 年 12 月回购一批保障性住房作为安置住房房源，则根据财税〔2018〕135 号文件第二条第（五）项规定，F 公司购买保障性住房作为安置住房房源，也可以免征契税。

第四节 青藏铁路公司契税优惠

案例 20

青藏铁路公司所属单位承受房屋权属
用于办公及运输主业,可以免征契税吗?

青藏铁路公司 G 车务段于 2022 年 1 月取得一栋办公楼,该栋办公楼由 G 车务段用于办公及运输主业,其产权登记在 G 车务段名下。

❓提问 林老师,G 车务段承受该栋办公楼权属用于办公及运输主业,可以免征契税吗?

林老师解答

可以。

◆ 政策依据

财政部 国家税务总局
关于青藏铁路公司运营期间有关税收等政策问题的通知

2007 年 1 月 11 日   财税〔2007〕11 号

四、对青藏铁路公司及其所属单位承受土地、房屋权属用于办公及运输主业的,免征契税;……

划重点 消痛点

本案例中,假定 G 车务段将该栋办公楼用于出租,则根据财税〔2007〕11号文件第四条的规定,该栋办公楼属于 G 车务段因其他用途而承受的房屋权属,应按规定征收契税。

第四章
支持乡村振兴印花税优惠

第一节　农村饮水安全工程印花税优惠

案例 21

负责饮水工程运营管理的农民用水合作组织为建设饮水工程取得土地使用权而签订的国有土地使用权出让合同,可以免征印花税吗?

A 单位是一家负责饮水工程运营管理的农民用水合作组织,其运营管理的饮水工程属于为农村居民提供生活用水而建设的供水工程设施。

2022 年 11 月,A 单位为建设饮水工程取得一幅地块的国有土地使用权,当月签订了国有土地使用权出让合同。

❓提问　林老师,A 单位为建设饮水工程取得土地使用权而签订的国有土地使用权出让合同,可以免征印花税吗?

林老师解答

可以。

◆政策依据

财政部 国家税务总局
关于继续实行农村饮水安全工程税收优惠政策的公告

2019 年 4 月 15 日　财政部 税务总局公告 2019 年第 67 号

二、对饮水工程运营管理单位为建设饮水工程取得土地使用权而签订的产权转移书据,……免征印花税。

财政部 税务总局
关于印花税法实施后有关优惠政策衔接问题的公告

2022 年 6 月 27 日　财政部 税务总局公告 2022 年第 23 号

一、继续执行本公告附件 1 中所列文件及相关条款规定印花税优惠政策。

……

四、本公告自 2022 年 7 月 1 日起施行。

附件 1

继续执行的印花税优惠政策文件及条款目录

序号	文件标题及条款	文号
……	……	……
39	《财政部 税务总局关于继续实行农村饮水安全工程税收优惠政策的公告》第二条……	财政部 税务总局公告 2019 年第 67 号

中华人民共和国印花税法

2021 年 6 月 10 日　中华人民共和国主席令第八十九号

附：

印花税税目税率表

税目		税率	备注
	……	……	
产权转移书据	土地使用权、房屋等建筑物和构筑物所有权转让书据（不包括土地承包经营权和土地经营权转移）	价款的万分之五	转让包括买卖（出售）、继承、赠与、互换、分割
	……	……	
	……	……	

划重点　消痛点

本案例中,假定 A 单位于 2022 年 11 月为建设职工宿舍楼取得一幅地块的国有土地使用权,则 A 单位为取得该土地使用权而签订的国有土地使用权出让合同,应按规定征收印花税。

案例 22

负责饮水工程运营管理的农民用水合作组织为建设饮水工程与施工单位签订的建设工程承包合同,可以免征印花税吗?

B 单位是一家负责饮水工程运营管理的农民用水合作组织,其运营管理的饮水工程属于为农村居民提供生活用水而建设的供水工程设施。

2022 年 11 月,B 单位为建设饮水工程与施工单位签订了建设工程承包合同。

❓提问 林老师,B 单位为建设饮水工程与施工单位签订的建设工程承包合同,可以免征印花税吗?

林老师解答

可以。

◆政策依据

财政部 国家税务总局
关于继续实行农村饮水安全工程税收优惠政策的公告

2019 年 4 月 15 日　财政部 税务总局公告 2019 年第 67 号

二、对饮水工程运营管理单位为建设饮水工程……与施工单位签订的建设工程承包合同,免征印花税。

划重点 消痛点

本案例中,假定 B 单位于 2022 年 11 月为建设职工宿舍楼与施工单位签订了建设工程承包合同,则 B 单位签订的该建设工程承包合同,应按规定征收印花税。

第二节　优化土地资源配置印花税优惠

案例 23

代行集体经济组织职能的村民委员会进行清产核资收回集体资产而签订的产权转移书据,可以免征印花税吗?

C 村民委员会代行集体经济组织职能。

2022 年 11 月,C 村民委员会进行清产核资收回集体资产,当月签订了产权转移书据。

提问 林老师,C 村民委员会进行清产核资收回集体资产而签订的产权转移书据,可以免征印花税吗?

林老师解答

可以。

◆ 政策依据

财政部　国家税务总局
关于支持农村集体产权制度改革有关税收政策的通知

2017 年 6 月 22 日　财税〔2017〕55 号

二、……

对……代行集体经济组织职能的村民委员会……进行清产核资收回集体资产而签订的产权转移书据,免征印花税。

财政部　税务总局
关于印花税法实施后有关优惠政策衔接问题的公告

2022 年 6 月 27 日　财政部 税务总局公告 2022 年第 23 号

一、继续执行本公告附件 1 中所列文件及相关条款规定的印花税优惠

政策。

附件1

继续执行的印花税优惠政策文件及条款目录

序号	文件标题及条款	文号
……	……	……
28	《财政部 税务总局关于支持农村集体产权制度改革有关税收政策的通知》第二条中关于印花税的政策	财税〔2017〕55号

划重点 消痛点

　　根据财税〔2017〕55号文件第二条第二款的规定,除本案例中的代行集体经济组织职能的村民委员会外,农村集体经济组织及代行集体经济组织职能的村民小组进行清产核资收回集体资产而签订的产权转移书据,也可以免征印花税。

第三节　推动普惠金融发展印花税优惠

案例 24

属于小型企业的农村集体经济组织与银行签订的借款合同,可以免征印花税吗?

D 单位是一家农村集体经济组织,属于符合《中小企业划型标准规定》(工信部联企业〔2011〕300 号)的小型企业。

2022 年 11 月,D 单位向银行借款,与银行签订了借款合同。

❓ 提问　林老师,D 单位与银行签订的借款合同,可以免征印花税吗?

林老师解答

可以。

◆ 政策依据

财政部　税务总局
关于支持小微企业融资有关税收政策的通知

2017 年 10 月 26 日　财税〔2017〕77 号

二、自 2018 年 1 月 1 日至 2020 年 12 月 31 日,对金融机构与小型企业、微型企业签订的借款合同免征印花税。

三、……

本通知所称小型企业、微型企业,是指符合《中小企业划型标准规定》(工信部联企业〔2011〕300 号)的小型企业和微型企业。其中,资产总额和从业人员指标均以贷款发放时的实际状态确定,营业收入指标以贷款发放前 12 个自然月的累计数确定,不满 12 个自然月的,按照以下公式计算。

$$营业收入(年)=\frac{企业实际存续期间营业收入}{企业实际存续月数}\times12$$

财政部 税务总局
关于印花税法实施后有关优惠政策衔接问题的公告

2022年6月27日 财政部 税务总局公告2022年第23号

一、继续执行本公告附件1中所列文件及相关条款规定的印花税优惠政策。

附件1

继续执行的印花税优惠政策文件及条款目录

序号	文件标题及条款	文号
……	……	……
30	《财政部 税务总局关于支持小微企业融资有关税收政策的通知》第二条	财税〔2017〕77号

划重点 消痛点

本案例中,假定D单位属于符合《中小企业划型标准规定》(工信部联企业〔2011〕300号)的中型企业,则D单位与银行签订的借款合同,应按规定征收印花税。

案例 25

农村集体经济组织与保险公司签订的农林作物保险合同,可以免征印花税吗?

E单位是一家农村集体经济组织。

2022年11月,E单位就农林作物向保险公司投保,与保险公司签订了农林作物保险合同。

提问 林老师,E单位与保险公司签订的农林作物保险合同,可以免征印花税吗?

林老师解答

可以。

◆政策依据

国家税务局
关于对保险公司征收印花税有关问题的通知

1988 年 12 月 31 日　国税地字〔1988〕37 号

二、……为了支持农村保险事业的发展,照顾农牧业生产的负担,除对农林作物……保险合同暂不贴花外,对其他几类财产保险合同均应按照规定计税贴花。……

财政部　税务总局
关于印花税法实施后有关优惠政策衔接问题的公告

2022 年 6 月 27 日　财政部　税务总局公告 2022 年第 23 号

一、继续执行本公告附件 1 中所列文件及相关条款规定的印花税优惠政策。

附件 1

继续执行的印花税优惠政策文件及条款目录

序号	文件标题及条款	文号
……	……	……
2	《国家税务局关于对保险公司征收印花税有关问题的通知》第二条	国税地字〔1988〕37 号

划重点　消痛点

本案例中,假定 E 单位于 2022 年 12 月就牧业畜类向保险公司投保,则根据国税地字〔1988〕37 号文件第二条的规定,E 单位与保险公司签订的牧业畜类保险合同,也可以免征印花税。

第四节　易地扶贫搬迁印花税优惠

案例 26

易地扶贫搬迁项目实施主体取得用于建设安置住房的土地而签订的国有土地使用权出让合同,可以免征印花税吗?

F 公司属于易地扶贫搬迁工作主管部门确定的易地扶贫搬迁项目实施主体。

2022 年 11 月,F 公司取得一幅地块用于建设安置住房,当月签订了该幅地块的国有土地使用权出让合同。

💬 提问 林老师,F 公司为取得用于建设安置住房的土地而签订的国有土地使用权出让合同,可以免征印花税吗?

林老师解答

可以。

◆ 政策依据

财政部 国家税务总局
关于易地扶贫搬迁税收优惠政策的通知

2018 年 11 月 29 日　财税〔2018〕135 号

二、关于易地扶贫搬迁安置住房税收政策

(一)对易地扶贫搬迁项目实施主体(以下简称项目实施主体)取得用于建设安置住房的土地,免征……印花税。

财政部 税务总局
关于印花税法实施后有关优惠政策衔接问题的公告

2022 年 6 月 27 日　财政部 税务总局公告 2022 年第 23 号

一、继续执行本公告附件 1 中所列文件及相关条款规定的印花税优惠

政策。

附件1

继续执行的印花税优惠政策文件及条款目录

序号	文件标题及条款	文号
……	……	……
34	《财政部　税务总局关于易地扶贫搬迁税收优惠政策的通知》第二条第（一）………项中关于印花税的政策	财税〔2018〕135号

划重点　消痛点

本案例中，假定F公司将取得的地块用于建设商品房，则F公司为取得该地块而签订的国有土地使用权出让合同，应按规定征收印花税。

案例 27

易地扶贫搬迁项目实施主体为开发建设安置住房而签订的建设工程承包合同，可以免征印花税吗？

G公司属于易地扶贫搬迁工作主管部门确定的易地扶贫搬迁项目实施主体。

2022年11月，G公司开发建设安置住房，当月与施工单位签订了建设工程承包合同。

　提问　林老师，G公司为开发建设安置住房而签订的建设工程承包合同，可以免征印花税吗？

林老师解答

可以。

◆政策依据

财政部 国家税务总局
关于易地扶贫搬迁税收优惠政策的通知

2018 年 11 月 29 日　财税〔2018〕135 号

二、关于易地扶贫搬迁安置住房税收政策

……

（二）对安置住房建设和分配过程中应由项目实施主体、项目单位缴纳的印花税，予以免征。

财政部 税务总局
关于印花税法实施后有关优惠政策衔接问题的公告

2022 年 6 月 27 日　财政部 税务总局公告 2022 年第 23 号

一、继续执行本公告附件 1 中所列文件及相关条款规定的印花税优惠政策。

附件 1

继续执行的印花税优惠政策文件及条款目录

序号	文件标题及条款	文 号
……	……	……
34	《财政部 税务总局关于易地扶贫搬迁税收优惠政策的通知》第二条第……（二）……项中关于印花税的政策	财税〔2018〕135 号

🔖**划重点　消痛点**

本案例中，假定 G 公司在商品住房等开发项目中配套建设安置住房，则根据财税〔2018〕135 号文件第二条第（四）项的规定，G 公司所签订的建设工程承包合同应按照安置住房建筑面积占总建筑面积的比例计算应予免征的印花税。

案例 28

易地扶贫搬迁项目实施主体购买商品住房作为安置住房房源而签订的房屋买卖合同,可以免征印花税吗?

H 公司属于易地扶贫搬迁工作主管部门确定的易地扶贫搬迁项目实施主体。

2022 年 11 月,H 公司购买一批商品住房作为安置住房房源,当月签订了房屋买卖合同。

❓ 提问 林老师,H 公司购买商品住房作为安置住房房源而签订的房屋买卖合同,可以免征印花税吗?

林老师解答

可以。

◆ 政策依据

财政部 国家税务总局
关于易地扶贫搬迁税收优惠政策的通知

2018 年 11 月 29 日 财税〔2018〕135 号

二、关于易地扶贫搬迁安置住房税收政策

……

(五)对项目实施主体购买商品住房……作为安置住房房源的,免征……印花税。

财政部 税务总局
关于印花税法实施后有关优惠政策衔接问题的公告

2022 年 6 月 27 日 财政部 税务总局公告 2022 年第 23 号

一、继续执行本公告附件 1 中所列文件及相关条款规定的印花税优惠

政策。

附件1

继续执行的印花税优惠政策文件及条款目录

序号	文件标题及条款	文 号
……	……	……
34	《财政部 税务总局关于易地扶贫搬迁税收优惠政策的通知》第二条第……(五)项中关于印花税的政策	财税〔2018〕135 号

划重点 消痛点

本案例中,假定 H 公司于 2022 年 12 月回购一批保障性住房作为安置住房房源,则根据财税〔2018〕135 号文件第二条第(五)项的规定,H 公司回购保障性住房作为安置住房房源而签订的房屋买卖合同,也可以免征印花税。

第五节　青藏铁路公司印花税优惠

案例 29

青藏铁路公司所属单位的营业账簿可以免征印花税吗？

青藏铁路公司Ⅰ车务段于 2022 年 1 月启用营业账簿，该营业账簿记载了实收资本和资本公积。

❓**提问** 林老师，Ⅰ车务段的营业账簿可以免征印花税吗？

林老师解答

可以。

◆ **政策依据**

财政部 国家税务总局

关于青藏铁路公司运营期间有关税收等政策问题的通知

2007 年 1 月 11 日　财税〔2007〕11 号

二、对青藏铁路公司及其所属单位营业账簿免征印花税；……

财政部 税务总局

关于印花税法实施后有关优惠政策衔接问题的公告

2022 年 6 月 27 日　财政部 税务总局公告 2022 年第 23 号

一、继续执行本公告附件 1 中所列文件及相关条款规定的印花税优惠政策。

附件1

继续执行的印花税优惠政策文件及条款目录

序号	文件标题及条款	文号
……	……	……
18	《财政部 国家税务总局关于青藏铁路公司运营期间有关税收等政策问题的通知》第二条	财税〔2007〕11号

案例 30

青藏铁路公司签订的货物运输合同可以免征印花税吗？

2022年11月，青藏铁路公司为甲公司提供货物运输服务，与甲公司签订了货物运输合同。

❓提问 林老师，对青藏铁路公司签订的货物运输合同可以免征印花税吗？

林老师解答

可以。

◆ 政策依据

财政部 国家税务总局

关于青藏铁路公司运营期间有关税收等政策问题的通知

2007年1月11日　财税〔2007〕11号

二、……对青藏铁路公司签订的货物运输合同免征印花税……

划重点 消痛点

根据财税〔2007〕11号文件第二条的规定，对本案例中的甲公司照章征收货物运输合同印花税。

第五章
支持乡村振兴耕地占用税优惠

第一节　农田水利建设耕地占用税优惠

案例 31

占用耕地建设农田水利设施,需要缴纳耕地占用税吗?

A 单位是一家农村集体经济组织。

2022 年 11 月,A 单位占用耕地建设农田水利设施,该耕地是用于种植农作物的土地。

❓ 提问　林老师,A 单位占用耕地建设农田水利设施,需要缴纳耕地占用税吗?

林老师解答

不需要。

◆ 政策依据

中华人民共和国耕地占用税法

2018 年 12 月 29 日　中华人民共和国主席令第十八号

第二条　……

占用耕地建设农田水利设施的,不缴纳耕地占用税。

知识链接

什么是耕地？

根据《中华人民共和国耕地占用税法》第二条第三款的规定,耕地是指用于种植农作物的土地。

第二节　新建自用住宅耕地占用税优惠

案例 32

农村居民占用耕地新建自用住宅,可以减半征收耕地占用税吗?

2022 年 11 月,农村居民李先生在规定用地标准以内占用耕地新建自用住宅。

❓提问 林老师,李先生占用耕地新建自用住宅,可以减半征收耕地占用税吗?

林老师解答

可以。

◆ **政策依据**

中华人民共和国耕地占用税法

2018 年 12 月 29 日　中华人民共和国主席令第十八号

第七条　……

农村居民在规定用地标准以内占用耕地新建自用住宅,按照当地适用税额减半征收耕地占用税……

财政部 税务总局 自然资源部 农业农村部 生态环境部
关于发布《中华人民共和国耕地占用税法实施办法》的公告

2019 年 8 月 29 日　财政部公告 2019 年第 81 号

附件

中华人民共和国耕地占用税法实施办法

第十六条　纳税人符合税法第七条规定情形,享受免征或者减征耕地占用税的,应当留存相关证明资料备查。

国家税务总局
关于耕地占用税征收管理有关事项的公告

2019 年 8 月 30 日　国家税务总局公告 2019 年第 30 号

九、耕地占用税减免优惠实行"自行判别、申报享受、有关资料留存备查"办理方式。纳税人根据政策规定自行判断是否符合优惠条件,符合条件的,纳税人申报享受税收优惠,并将有关资料留存备查。纳税人对留存材料的真实性和合法性承担法律责任。

符合耕地占用税减免条件的纳税人,应留存下列材料:

……

(四)农村居民建房占用土地及其他相关证明材料;

延伸案例

农村居民葛先生于 2022 年 12 月经批准搬迁,需要新建住宅,则根据《中华人民共和国耕地占用税法》第七条第三款的规定,葛先生新建自用住宅占用耕地不超过原宅基地面积的部分,免征耕地占用税。

案例 33

农村烈士遗属新建自用住宅,可以免征耕地占用税吗?

黄女士是农村烈士遗属。

2022 年 11 月,黄女士在规定用地标准以内新建自用住宅。

提问 林老师,黄女士新建自用住宅可以免征耕地占用税吗?

林老师解答

可以。

◆政策依据

中华人民共和国耕地占用税法

2018 年 12 月 29 日　中华人民共和国主席令第十八号

第七条　……

农村烈士遗属……，在规定用地标准以内新建自用住宅，免征耕地占用税。

案例 34

符合农村最低生活保障条件的农村居民新建自用住宅，
可以免征耕地占用税吗？

江先生属于符合农村最低生活保障条件的农村居民。

2022 年 11 月，江先生在规定用地标准以内新建自用住宅。

❓提问　林老师，江先生新建自用住宅，可以免征耕地占用税吗？

林老师解答

可以。

◆政策依据

中华人民共和国耕地占用税法

2018 年 12 月 29 日　中华人民共和国主席令第十八号

第七条　……

……符合农村最低生活保障条件的农村居民，在规定用地标准以内新建自用住宅，免征耕地占用税。

划重点 消痛点

根据《中华人民共和国耕地占用税法》第七条第四款的规定,除案例 33 和本案例例举的农村烈士遗属、符合农村最低生活保障条件的农村居民外,因公牺牲军人遗属、残疾军人在规定用地标准以内新建自用住宅,也可以免征耕地占用税。

第六章
支持乡村振兴车船税优惠

第一节　捕捞、养殖渔船车船税优惠

案例 35

捕捞渔船可以免征车船税吗？

A 单位是一家农村集体经济组织。

2022 年 11 月，A 单位购置一艘捕捞渔船，该艘捕捞渔船在渔业船舶登记管理部门登记为捕捞船，其产权登记在 A 单位名下。

❓提问　林老师，该艘捕捞渔船可以免征车船税吗？

林老师解答

可以。

◆政策依据

中华人民共和国车船税法

2019 年 4 月 23 日　中华人民共和国主席令第二十九号修正

第三条　下列车船免征车船税：

(一)捕捞……渔船；

中华人民共和国车船税法实施条例

2019 年 3 月 2 日　中华人民共和国国务院令第 709 号修订

第七条　车船税法第三条第一项所称的捕捞……渔船,是指在渔业船舶登记管理部门登记为捕捞船……的船舶。

划重点　消痛点

本案例中,假定 A 单位购置的该艘渔船未在渔业船舶登记管理部门登记为捕捞船,且不适用其他减征或免征车船税优惠政策,则该艘渔船应按规定计算缴纳车船税。

案例 36

养殖渔船可以免征车船税吗?

B 单位是一家农村集体经济组织。

2022 年 11 月,B 单位购置一艘养殖渔船,该艘养殖渔船在渔业船舶登记管理部门登记为养殖船,其产权登记在 B 单位名下。

❓ 提问　林老师,该艘养殖渔船可以免征车船税吗?

林老师解答

可以。

◆ 政策依据

中华人民共和国车船税法

2019 年 4 月 23 日　中华人民共和国主席令第二十九号修正

第三条　下列车船免征车船税:

(一)……养殖渔船;

中华人民共和国车船税法实施条例

2019年3月2日　中华人民共和国国务院令第709号修订

第七条　车船税法第三条第一项所称的……养殖渔船,是指在渔业船舶登记管理部门登记为……养殖船的船舶。

划重点　消痛点

本案例中,假定B单位购置的该艘渔船未在渔业船舶登记管理部门登记为养殖船,且不适用其他减征或免征车船税优惠政策,则该艘渔船应按规定计算缴纳车船税。

第二节 农村居民拥有使用的摩托车、三轮汽车和低速载货汽车车船税优惠

案例 37

农村居民拥有使用的摩托车可以定期减免车船税吗？

2022 年 11 月，农村居民施先生购置一辆摩托车，其产权登记在施先生名下，该辆摩托车主要在农村地区使用。

？提问 林老师，该辆摩托车可以定期减免车船税吗？

林老师解答

可以。

◆ 政策依据

中华人民共和国车船税法

2019 年 4 月 23 日 中华人民共和国主席令第二十九号修正

第五条 省、自治区、直辖市人民政府根据当地实际情况，可以对……农村居民拥有并主要在农村地区使用的摩托车……定期减征或者免征车船税。

中华人民共和国车船税法实施条例

2019 年 3 月 2 日 中华人民共和国国务院令第 709 号修订

第二十六条 车船税法所附《车船税税目税额表》中车辆、船舶的含义如下：……摩托车，是指无论采用何种驱动方式，最高设计车速大于每小时 50 公里，或者使用内燃机，其排量大于 50 毫升的两轮或者三轮车辆。……

划重点　消痛点

　　本案例中,假定施先生购置的该辆摩托车主要在城市市区使用,且不适用其他减征或免征车船税优惠政策,则该辆摩托车应按规定计算缴纳车船税。

案例 38

农村居民拥有使用的三轮汽车可以定期减免车船税吗?

　　2022 年 11 月,农村居民黄先生购置一辆三轮汽车,其产权登记在黄先生名下,该辆三轮汽车主要在农村地区使用。

　　提问 林老师,该辆三轮汽车可以定期减免车船税吗?

林老师解答

　　可以。

　　◆**政策依据**

中华人民共和国车船税法

2019 年 4 月 23 日　中华人民共和国主席令第二十九号修正

　　第五条　省、自治区、直辖市人民政府根据当地实际情况,可以对……农村居民拥有并主要在农村地区使用的……三轮汽车……定期减征或者免征车船税。

中华人民共和国车船税法实施条例

2019 年 3 月 2 日　中华人民共和国国务院令第 709 号修订

　　第二十六条　车船税法所附《车船税税目税额表》中车辆、船舶的含义如下:……三轮汽车,是指最高设计车速不超过每小时 50 公里,具有三个车轮的货车。……

划重点 消痛点

本案例中,假定黄先生购置的该辆三轮汽车主要在城市市区使用,且不适用其他减征或免征车船税优惠政策,则该辆三轮汽车应按规定计算缴纳车船税。

案例 39

农村居民拥有使用的低速载货汽车可以定期减免车船税吗?

2022 年 11 月,农村居民郑先生购置一辆低速载货汽车,其产权登记在郑先生名下,该辆低速载货汽车主要在农村地区使用。

提问 林老师,该辆低速载货汽车可以定期减免车船税吗?

林老师解答

可以。

◆ 政策依据

中华人民共和国车船税法

2019 年 4 月 23 日　中华人民共和国主席令第二十九号修正

第五条　省、自治区、直辖市人民政府根据当地实际情况,可以对……农村居民拥有并主要在农村地区使用的……低速载货汽车定期减征或者免征车船税。

中华人民共和国车船税法实施条例

2019 年 3 月 2 日　中华人民共和国国务院令第 709 号修订

第二十六条　车船税法所附《车船税税目税额表》中车辆、船舶的含义如下:……低速载货汽车,是指以柴油机为动力,最高设计车速不超过每小时 70 公里,具有四个车轮的货车。……

划重点　消痛点

　　本案例中,假定郑先生购置的该辆低速载货汽车主要在城市市区使用,且不适用其他减征或免征车船税优惠政策,则该辆低速载货汽车应按规定计算缴纳车船税。

第七章
支持乡村振兴资源税优惠

第一节　小微企业资源税优惠

案例 40

增值税小规模纳税人可以减征资源税吗？

A 单位是一家农村集体经济组织，属于按月申报的增值税小规模纳税人。

2022 年 11 月，A 单位在境内开采矿产品，该矿产品属于《中华人民共和国资源税法》所附《资源税税目税率表》中的应税产品，其资源税实行从价计征。

？提问 林老师，A 单位销售开采的矿产品，可以减征资源税吗？

林老师解答

可以。

◆ 政策依据

财政部　税务总局
关于进一步实施小微企业"六税两费"减免政策的公告

2022 年 3 月 1 日　财政部　税务总局公告 2022 年第 10 号

一、由省、自治区、直辖市人民政府根据本地区实际情况，以及宏观调控需要确定,对增值税小规模纳税人……可以在 50％的税额幅度内减征资源税……

　　……

四、本公告执行期限为 2022 年 1 月 1 日至 2024 年 12 月 31 日。

划重点　消痛点

本案例中,假定 A 单位属于增值税一般纳税人,且不适用其他减征或免征资源税优惠政策,则 A 单位销售开采的矿产品应按规定计算缴纳资源税。

案例 41

小型微利企业可以减征资源税吗?

B 单位是一家农村集体经济组织,属于增值税一般纳税人。

2022 年 5 月,B 单位办理了 2021 年度企业所得税汇算清缴申报,汇算清缴结果判定 B 单位属于小型微利企业。

2022 年 11 月,B 单位在境内开采矿产品,该矿产品属于《中华人民共和国资源税法》所附《资源税税目税率表》中的应税产品,其资源税实行从价计征。

❓提问　林老师,B 单位销售开采的矿产品,可以减征资源税吗?

林老师解答

可以。

◆ 政策依据

财政部　税务总局
关于进一步实施小微企业"六税两费"减免政策的公告
2022 年 3 月 1 日　财政部　税务总局公告 2022 年第 10 号

一、由省、自治区、直辖市人民政府根据本地区实际情况,以及宏观调控需要确定,对……小型微利企业……可以在 50% 的税额幅度内减征资源税……

……

三、本公告所称小型微利企业,是指从事国家非限制和禁止行业,且同时符合年度应纳税所得额不超过 300 万元、从业人数不超过 300 人、资产总额不超过 5000 万元等三个条件的企业。

从业人数,包括与企业建立劳动关系的职工人数和企业接受的劳务派遣用工人数。所称从业人数和资产总额指标,应按企业全年的季度平均值确定。具体计算公式如下:

$$季度平均值 = \frac{(季初值 + 季末值)}{2}$$

$$全年季度平均值 = \frac{全年各季度平均值之和}{4}$$

年度中间开业或者终止经营活动的,以其实际经营期作为一个纳税年度确定上述相关指标。

小型微利企业的判定以企业所得税年度汇算清缴结果为准。……

国家税务总局
关于进一步实施小微企业"六税两费"减免政策有关征管问题的公告

2022 年 3 月 4 日　国家税务总局公告 2022 年第 3 号

一、关于小型微利企业"六税两费"减免政策的适用

(一)适用"六税两费"减免政策的小型微利企业的判定以企业所得税年度汇算清缴(以下简称汇算清缴)结果为准。登记为增值税一般纳税人的企业,按规定办理汇算清缴后确定是小型微利企业的,除本条第(二)项规定外,可自办理汇算清缴当年的 7 月 1 日至次年 6 月 30 日申报享受"六税两费"减免优惠;……

……

六、其他

(一)本公告执行期限为 2022 年 1 月 1 日至 2024 年 12 月 31 日。……

划重点　消痛点

本案例中,假定 B 单位于 2023 年 5 月办理了 2022 年度企业所得税汇算清缴申报,汇算清缴结果判定 B 单位属于小型微利企业,则根据国家税务总局公告 2022 年第 3 号第一条第(一)项规定,B 单位在申报 2023 年 7 月 1 日至 2024 年 6 月 30 日的资源税时,可以享受减免优惠。

案例 42

个体工商户可以减征资源税吗?

农村居民郭先生从事个体经营成立 C 个体工商户,并于 2022 年 8 月办妥了 C 个体工商户登记手续。

C 个体工商户于 2022 年 9 月 1 日登记为增值税一般纳税人。

2022 年 11 月,C 个体工商户在境内开采矿产品,该矿产品属于《中华人民共和国资源税法》所附《资源税税目税率表》中的应税产品,其资源税实行从价计征。

❓提问 林老师,C 个体工商户销售开采的矿产品,可以减征资源税吗?

林老师解答

可以。

◆ 政策依据

财政部　税务总局
关于进一步实施小微企业"六税两费"减免政策的公告

2022 年 3 月 1 日　财政部　税务总局公告 2022 年第 10 号

一、由省、自治区、直辖市人民政府根据本地区实际情况,以及宏观调控需要确定,对……个体工商户可以在 50% 的税额幅度内减征资源税……

第二节　青藏铁路公司资源税优惠

案例 43

青藏铁路公司所属单位自采自用的砂、石等材料，
可以免征资源税吗？

青藏铁路公司 D 车务段于 2022 年 11 月自采自用砂、石等材料。

提问 林老师，D 车务段自采自用的砂、石等材料，可以免征资源税吗？

林老师解答

可以。

◆**政策依据**

财政部 国家税务总局
关于青藏铁路公司运营期间有关税收等政策问题的通知

2007 年 1 月 11 日　财税〔2007〕11 号

三、对青藏铁路公司及其所属单位自采自用的砂、石等材料免征资源税；……

划重点　消痛点

本案例中，假定 D 车务段将自采的砂、石等材料销售给 E 公司，则 D 车务段自采外销砂、石等材料，应按照规定计算缴纳资源税。

第八章
支持乡村振兴增值税优惠

第一节　销售农产品增值税优惠

案例 44

农村集体经济组织销售自产的茶叶可以免征增值税吗？

A 单位是一家从事茶叶种植业务的农村集体经济组织，属于增值税一般纳税人。

2022 年 11 月，A 单位销售自产的绿毛茶，取得销售收入 60 万元，开具了增值税普通发票。

A 单位对其自产绿毛茶销售业务在财务上实行单独核算。

❓**提问** 林老师，A 单位销售自产的茶叶可以免征增值税吗？

林老师解答

可以。

◆**政策依据**

中华人民共和国增值税暂行条例

2017 年 11 月 19 日　国务院令第 691 号修改

第十五条　下列项目免征增值税：

（一）农业生产者销售的自产农产品；

中华人民共和国增值税暂行条例实施细则

2011 年 10 月 28 日　财政部令第 65 号修改

第三十五条　条例第十五条规定的部分免税项目的范围,限定如下:

(一)第一款第(一)项所称农业,是指种植业、养殖业、林业、牧业、水产业。

农业生产者,包括从事农业生产的单位和个人。

农产品,是指初级农产品,具体范围由财政部、国家税务总局确定。

财政部 国家税务总局
关于印发《农业产品征税范围注释》的通知

1995 年 6 月 15 日　财税字〔1995〕52 号

附件

农业产品征税范围注释

农业产品是指种植业、养殖业、林业、牧业、水产业生产的各种植物、动物的初级产品。农业产品的征税范围包括:

一、植物类

植物类包括人工种植和天然生长的各种植物的初级产品。具体征税范围为:

......

(四)茶叶

茶叶是指从茶树上采摘下来的鲜叶和嫩芽(即茶青),以及经吹干、揉拌、发酵、烘干等工序初制的茶。本货物的征税范围包括各种毛茶(如红毛茶、绿毛茶、乌龙毛茶、白毛茶、黑毛茶等)。

精制茶、边销茶及掺对各种药物的茶和茶饮料,不属于本货物的征税范围。

划重点 消痛点

本案例中,假定 A 单位于 2022 年 12 月销售精制茶,取得销售收入 55 万元,则根据财税字〔1995〕52 号文件附件《农业产品征税范围注释》第一条第(四)项第二款的规定,精制茶不属于茶叶的征税范围,因此 A 单位销售精制茶应按规定计算缴纳增值税。

案例 45

从事蔬菜批发、零售的农村集体经济组织
销售蔬菜可以免征增值税吗？

B单位是一家从事蔬菜批发、零售业务的农村集体经济组织，属于增值税一般纳税人。

2022年11月，B单位销售胡萝卜，取得销售收入60万元，开具了增值税普通发票。

B单位对其蔬菜销售业务在财务上实行单独核算。

❓提问 林老师，B单位销售胡萝卜可以免征增值税吗？

林老师解答

可以。

◆政策依据

财政部 国家税务总局
关于免征蔬菜流通环节增值税有关问题的通知

2011年12月31日 财税〔2011〕137号

一、对从事蔬菜批发、零售的纳税人销售的蔬菜免征增值税。

蔬菜是指可作副食的草本、木本植物，包括各种蔬菜、菌类植物和少数可作副食的木本植物。蔬菜的主要品种参照《蔬菜主要品种目录》（见附件）执行。

经挑选、清洗、切分、晾晒、包装、脱水、冷藏、冷冻等工序加工的蔬菜，属于本通知所述蔬菜的范围。

各种蔬菜罐头不属于本通知所述蔬菜的范围。蔬菜罐头是指蔬菜经处理、装罐、密封、杀菌或无菌包装而制成的食品。

二、纳税人既销售蔬菜又销售其他增值税应税货物的，应分别核算蔬菜和其他增值税应税货物的销售额；未分别核算的，不得享受蔬菜增值税免税政策。

附件

蔬菜主要品种目录

类别	主要品种	别名
根菜类	······	······
	胡萝卜	红萝卜、黄萝卜、丁香萝卜、药性萝卜、番萝卜
	······	······
	······	······
	······	······
	······	······
	······	······
	······	······
	······	······
	······	······

划重点 消痛点

本案例中，假定 B 单位除销售胡萝卜外，还销售胡萝卜罐头，但未分别核算胡萝卜和胡萝卜罐头的销售额，则根据财税〔2011〕137 号文件第一条第四款、第二条的规定，B 单位销售胡萝卜应按规定计算缴纳增值税。

知识链接

免征流通环节增值税蔬菜有哪些？

根据财税〔2011〕137 号文件的规定，免征流通环节增值税蔬菜如下表：

蔬菜主要品种目录

类别	主要品种	别名
根菜类	萝卜	葵、芦菔、莱菔
	胡萝卜	红萝卜、黄萝卜、丁香萝卜、药性萝卜、番萝卜
	芜菁	蔓菁、圆根、盘菜
	芜菁甘蓝	洋蔓菁、洋疙瘩、洋大头菜
	根荠菜	红菜头、紫菜头

续表

类别	主要品种	别名
根菜类	美洲防风	欧防风芹菜萝卜、蒲芹萝卜
	牛蒡	东洋萝卜、蝙蝠刺、大力子
	根芹菜	根洋芹菜、球根塘蒿
	婆罗门参	西洋牛蒡、蒜叶婆罗门参
	山葵	
	黑婆罗门参	菊牛蒡、鸦葱
薯芋类	马铃薯	土豆、山药蛋、洋芋、地蛋、荷兰薯、爪哇薯
	姜	生姜、黄姜
	芋	芋头、芋艿、毛芋
	魔芋	磨芋、蒟蒻
	山药	薯蓣、白苕、脚板苕、山薯、大薯、佛掌薯
	甘薯	红薯、白薯、地瓜、番薯、红薯
	豆薯	地瓜、凉薯、沙葛、新罗葛
	葛	
	菊芋	洋姜、鬼子姜
	菜用土圞儿	香芋、美洲土圞儿
	蕉芋	蕉藕、姜芋、食用美人蕉、食用莲蕉
	草石蚕	螺丝菜、宝塔菜、甘露儿、地蚕
葱蒜类	韭	草钟乳、起阳草、懒人菜、韭黄
	大葱	木葱、汉葱
	洋葱	葱头、圆葱
	大蒜	胡蒜、蒜
	蒜薹	蒜苔
	蒜苗	蒜黄、青蒜
	分葱	四季葱、菜葱、冬葱
	胡葱	蒜头葱、瓣子葱、火葱、肉葱
	细香葱	四季葱、香葱、蝦夷葱
	韭葱	扁葱、扁叶葱、洋蒜苗
	楼葱	龙爪葱、龙角葱
	薤	藠头、藠子、莱芝

类别	主要品种	别名
白菜类	大白菜	结球白菜、黄芽菜、包心白菜
	普通白菜	白菜、小白菜、青菜、油菜
	乌塌菜	榻菜、塌棵菜、榻地菘、黑菜
	菜薹	菜心、绿菜薹、菜尖
	薹菜	
	紫菜薹	红菜薹
芥菜类	茎芥	茎瘤芥、青菜头、菜头、包包菜、羊角菜、菱角菜
		抱子芥、儿菜、娃娃菜
		笋子芥、棒菜
	叶芥	青菜、苦菜、春菜、辣菜、雪里蕻
	根芥	辣疙瘩、冲菜、芥头、大头菜、疙瘩菜
	薹芥	
甘蓝类	结球甘蓝	洋白菜、卷心菜、包心菜、椰菜、莲花白、包包白、圆白菜、茴子白
	球茎甘蓝	苤蓝、菘、玉蔓菁、芥蓝头、擘蓝
	花椰菜	花菜、菜花
	青花菜	木立花椰菜、意大利花椰菜、嫩茎花椰菜、绿菜花、西兰花
	芥蓝	白花芥蓝
	抱子甘蓝	芽甘蓝、子持甘蓝
	羽衣甘蓝	绿叶甘蓝、菜用羽衣甘蓝、叶牡丹、花包菜
叶菜类	菠菜	菠稜菜、赤根菜、角菜、波斯草
	莴苣	千金菜、莴笋、生菜、青笋、莴苣笋、莴菜、油麦菜、莜麦菜
	芹菜	芹、药芹、苦堇、堇葵、堇菜、旱芹
	蕹菜	空心菜、竹叶菜、通菜、藤菜、翁菜
	苋菜	米苋、赤苋、刺苋、青香苋、苋
	叶荟菜	君荙菜、牛皮菜、厚皮菜、光菜、叶甜菜
	菊苣	欧洲菊苣、苞菜、吉康菜、法国莴荬菜
	冬寒菜	冬苋菜、冬葵、葵菜、滑肠菜

续表

类别	主要品种	别名
叶菜类	落葵	木耳菜、软浆叶、软姜子、染浆叶、胭脂豆、豆腐菜、藤菜、紫果菜
	茼蒿	蒿子秆、大叶茼蒿、蓬蒿、春菊
	芫荽	香菜、胡荽、香荽
	茴香	小茴香、香丝菜、结球茴香、鲜茎茴香、甜茴香
	菊花脑	菊花叶、黄菊籽、路边黄、黄菊仔
	荠菜	护生草、菱角菜、地米草、扇子草
	菜苜蓿	草头、金花菜、黄花苜蓿、刺苜蓿、南苜蓿、黄花草子
	番杏	新西兰菠菜、洋菠菜、夏菠菜、白番苋、海滨莴苣、宾菜、蔓菜
	苦苣	花叶生菜、花苣
	紫背天葵	血皮菜、紫背菜、红凤菜、观音苋、双色三七草
	罗勒	毛罗勒、九层塔、零陵香、兰香草、光明子、省头草
	马齿苋	马齿菜、长命菜、五行草、瓜子菜、马蛇子菜
	紫苏	荏、赤苏、白苏、香苏、苏叶、桂荏、回回苏
	榆钱菠菜	食用滨藜、洋菠菜、山菠菜、山菠薐草
	薄荷	山野薄荷、蕃荷菜
	莳萝	土茴香、草茴香、小茴香
	鸭儿芹	鸭脚板、三叶芹、山芹菜、野蜀葵、三蜀葵、水芹菜
	蕺菜	鱼腥草、蕺儿根、侧耳根、狗帖耳、鱼鳞草、菹菜
	蒲公英	黄花苗、黄花地丁、婆婆丁、蒲公草
	马兰	马兰头、红梗菜、紫菊、田边菊、马兰菊、鸡儿肠、竹节草
	香芹菜	荷兰芹、洋芫荽、欧芹、法国香菜、旱芹菜
	珍珠菜	角菜、白苞蒿、山芹菜、珍珠花菜、甜菜子、鸭脚艾、乳白艾
瓜类	黄瓜	王瓜、胡瓜
	冬瓜	东瓜
	节瓜	毛瓜
	南瓜	中国南瓜、倭瓜、番瓜、饭瓜

类别	主要品种	别名
瓜类	笋瓜	印度南瓜、玉瓜、北瓜
	西葫芦	美洲南瓜、蔓瓜、白瓜、香瓜
	越瓜	白瓜、脆瓜、酥瓜、梢瓜
	菜瓜	蛇甜瓜、老羊瓜、酱瓜
	丝瓜	圆筒丝瓜、蛮瓜、水瓜、棱角丝瓜、胜瓜
	苦瓜	凉瓜
	瓠瓜	扁蒲、葫芦、蒲瓜、夜开花、瓠子
	佛手瓜	洋丝瓜、合掌瓜、菜肴梨、瓦瓜、万年瓜、拳头瓜
	蛇瓜	蛇豆、蛇丝瓜、长豆角
茄果类	番茄	西红柿、番柿、柿子、洋柿子
	茄子	落苏
	辣椒	海椒、辣子、辣角、番椒
	青椒	大椒、灯笼椒、柿子椒、彩色甜椒、甜椒
	酸浆	红姑娘、洋姑娘、灯笼草、洛神珠
豆类	菜豆	四季豆、芸豆、芸扁豆、豆角、刀豆、敏豆、玉豆、油豆
	长豇豆	长豆角、豆角、带豆、裙带豆
	菜用大豆	毛豆、枝豆
	豌豆	青斑豆、麻豆、青小豆、荷兰豆、淮豆、留豆、金豆、麦豆、回回豆、甜豌豆
	蚕豆	胡豆、佛豆、寒豆、罗汉豆
	扁豆	峨眉豆、沿篱豆、眉豆、肉豆、龙爪豆
	莱豆	金甲豆、科马豆、荷豆、玉豆、雪豆、洋扁豆、白豆、状元豆、棉豆、荷包豆
	刀豆	大刀豆、关刀豆、洋刀豆
	多花菜豆	红花菜豆、大白芸豆、大花芸豆、看花豆
	四棱豆	翼豆、翅豆、四角豆、杨桃豆、热带大豆、四稔豆
	黎豆	鼺豆、黎豆、猫猫豆、毛毛豆、毛胡豆、毛狗豆、小狗豆、狸豆、八升豆、狗爪豆

续表

类别	主要品种	别名
水生蔬菜	莲藕	莲、藕、荷
	茭白	茭瓜、茭笋、菰首
	慈姑	剪刀草、燕尾草
	水芹	刀芹、楚葵、蜀芹、紫堇、蕲
	荸荠	马蹄、地栗、乌芋、凫茈
	菱	菱角、龙角、水栗
	豆瓣菜	西洋菜、水田芥、水蔊菜
	芡实	鸡头米、鸡头、水底黄蜂
	莼菜	马蹄草、水葵、水荷叶、湖菜、露葵
	蒲菜	香蒲、甘蒲
	海带	江白菜、昆布
	紫菜	
多年生及杂类蔬菜	笋用竹	竹笋
	芦笋	石刁柏、龙须菜
	黄花菜	萱草、金针菜
	百合	夜合、中篷花
	香椿	香椿树、红椿、椿花、椿甜树
	枸杞	枸杞菜、枸杞头、枸杞芽
	襄荷	阳藿、野姜、襄草、茗荷、苴蓴
	菜蓟	朝鲜蓟、洋蓟、荷兰百合、法国百合
	辣根	西洋山萮菜、山葵萝卜
	食用大黄	原叶大黄、圆叶大黄
	黄秋葵	秋葵、羊角豆
	桔梗	地参、四叶菜、绿花根、铃铛花、沙油菜、梗草、道拉基
	蕨	蕨菜、蕨苔、龙头菜、蕨儿菜鹿蕨菜
	乾苔	发菜、头发菜、石发
	蒌蒿	芦蒿、水蒿、香艾蒿、小艾、水艾

续表

类别	主要品种	别名
多年生及杂类蔬菜	薇菜	野豌豆,大巢菜,斑矛架,、野苕子
	车前草	车轮菜、牛舌菜、蛤蟆衣
	食用菊	甘菊、臭菊
	玉米笋	玉笋、多穗玉米、珍珠笋、番麦笋
	嫩玉米	菜玉米、菜苞谷、青玉谷、御麦
	糯玉米	中国玉米、糯苞谷
	甜玉米	甜苞谷、甜玉蜀黍、菜玉米
食用菌	香菇	香蕈、冬菇、花菇
	双孢蘑菇	蘑菇、白蘑菇、双孢菇、洋菇、褐蘑菇、棕色蘑菇
	糙皮侧耳	平菇、北风菌、青蘑、桐子菌
	草菇	兰花菇、美味包脚菇、秆菇、麻菇、中国蘑菇
	金针菇	毛柄金钱菇、冬菇、朴菇、朴菰
	黑木耳	木耳、光木耳、云耳
	银耳	白木耳、雪耳
	猴头菇	猴头蘑、刺猬菌
	毛头鬼伞	鸡腿蘑、鸡腿菇
	姬松茸	巴西蘑菇、巴氏蘑菇
	茶薪菇	杨树菇、柱状田头菇、柳环菌、茶树菇
	真姬菇	玉蕈、斑玉蕈、蟹味菇、胶玉蘑、鸿喜菇、海鲜菇
	灰树花	贝叶多孔菌、云蕈、栗蘑、舞茸、莲花菌、千佛菌
	滑菇	珍珠菇、光帽鳞伞、滑子蘑
	刺芹侧耳	雪茸、干贝菇、杏鲍菇
	白灵侧耳	白灵菇
	阿魏侧耳	阿魏菇
	盖襄侧耳	台湾平菇、鲍鱼菇
	毛木耳	
	竹荪	长裙竹荪、短裙竹荪、棘托竹荪

续表

类别	主要品种	别名
食用菌	肺形侧耳	姬菇、秀珍菇、小平菇
	金顶侧耳	榆黄蘑、玉皇菇
	大球盖菇	
	长根菇	
	大杯蕈	猪肚菇
	洛巴伊口蘑	金福菇
	北冬虫夏草	蛹虫草
	牛肝菌	
	松茸	
	鸡枞	
	羊肚菌	
	榛蘑	蜜环菌
	鸡油菌	
	红菇	
	口蘑	蒙古口蘑
	青冈菌	
	离褶伞	一窝鸡
芽苗菜	绿豆芽	绿豆芽幼芽
	黄豆芽	黄豆幼芽
	黑豆芽	黑豆幼芽
	青豆芽	青豆幼芽
	红豆芽	红豆幼芽
	蚕豆芽	蚕豆幼芽
	红小豆苗	红小豆幼芽
	豌豆苗	豌豆幼芽
	花生芽	花生幼芽
	苜蓿芽	苜蓿幼芽或幼苗

类别	主要品种	别名
芽苗菜	小扁豆芽	小扁豆幼芽或幼苗
	萝卜芽	萝卜芽幼苗
	菘蓝芽	菘蓝幼芽或幼苗
	沙芥芽	沙芥幼芽或幼苗
	芥菜芽	芥菜幼芽或幼苗
	芥蓝芽	芥蓝幼芽或幼苗
	白菜芽	白菜幼芽或幼苗
	独行菜芽	独行菜幼苗
	香椿苗	香椿幼苗
	向日葵芽	向日葵幼芽
	荞麦芽	荞麦幼苗
	胡椒芽	胡椒幼芽或幼苗
	紫苏芽	紫苏幼芽或幼苗
	水芹芽	水芹幼苗
	小麦苗	小麦幼苗
	胡麻芽	胡麻幼芽或幼苗
	蕹菜芽	蕹菜幼苗
	芝麻芽	芝麻幼芽或幼苗
	黄秋葵芽	黄秋葵幼苗
	花椒脑	花椒嫩芽
	芽球菊苣	菊苣芽球
	苦苣芽	苦苣幼芽或幼苗
	佛手瓜稍	佛手瓜幼稍
	辣椒尖	辣椒幼稍
	豌豆尖	豌豆幼稍
	草芽	草芽幼嫩假茎
	碧玉笋	黄花菜幼嫩假茎

案例 46

从事农产品批发、零售的农村集体经济组织销售
鲜活肉产品可以免征增值税吗?

C 单位是一家从事农产品批发、零售业务的农村集体经济组织,属于增值税一般纳税人。

2022 年 11 月,C 单位销售整块的猪鲜肉,取得销售收入 50 万元,开具了增值税普通发票。

C 单位销售的猪鲜肉不属于《中华人民共和国野生动物保护法》所规定的国家珍贵、濒危野生动物的鲜活肉类产品。

C 单位对其鲜活肉产品销售业务在财务上实行单独核算。

❓ 提问 林老师,C 单位销售鲜活肉产品可以免征增值税吗?

林老师解答

可以。

◆ 政策依据

财政部 国家税务总局
关于免征部分鲜活肉蛋产品流通环节增值税政策的通知

2012 年 9 月 27 日　财税〔2012〕75 号

经国务院批准,自 2012 年 10 月 1 日起,免征部分鲜活肉蛋产品流通环节增值税。现将有关事项通知如下:

一、对从事农产品批发、零售的纳税人销售的部分鲜活肉蛋产品免征增值税。

免征增值税的鲜活肉产品,是指猪、牛、羊、鸡、鸭、鹅及其整块或者分割的鲜肉、冷藏或者冷冻肉,内脏、头、尾、骨、蹄、翅、爪等组织。

……

上述产品中不包括《中华人民共和国野生动物保护法》所规定的国家珍贵、濒危野生动物及其鲜活肉类、蛋类产品。

二、从事农产品批发、零售的纳税人既销售本通知第一条规定的部分鲜活肉蛋产品又销售其他增值税应税货物的，应分别核算上述鲜活肉蛋产品和其他增值税应税货物的销售额；未分别核算的，不得享受部分鲜活肉蛋产品增值税免税政策。

划重点　消痛点

根据财税〔2012〕75号文件第一条的规定，除本案例中的鲜活肉产品外，从事农产品批发、零售的纳税人销售的部分鲜活蛋产品也可以享受免征增值税优惠；免征增值税的鲜活蛋产品，是指鸡蛋、鸭蛋、鹅蛋，包括鲜蛋、冷藏蛋以及对其进行破壳分离的蛋液、蛋黄和蛋壳。

第二节　"公司＋农户"经营模式增值税优惠

案例 47

"公司＋农户"经营模式销售畜禽可以免征增值税吗？

2022 年 1 月，D 公司与农户签订委托养殖合同，合同约定 D 公司向农户提供鸭苗、饲料、兽药及疫苗等（所有权属于 D 公司），农户饲养鸭苗至成品后交付 D 公司回收。

2022 年 11 月，D 公司销售回收的成品鸭，取得销售收入 200 万元，开具了增值税普通发票。

D 公司对其"公司＋农户"经营模式销售畜禽业务在财务上实行单独核算。

❓提问 林老师，D 公司销售回收的成品鸭可以免征增值税吗？

林老师解答

可以。

◆ 政策依据

国家税务总局
关于纳税人采取"公司＋农户"经营模式销售畜禽有关增值税问题的公告
2013 年 2 月 6 日　国家税务总局公告 2013 年第 8 号

目前，一些纳税人采取"公司＋农户"经营模式从事畜禽饲养，即公司与农户签订委托养殖合同，向农户提供畜禽苗、饲料、兽药及疫苗等（所有权属于公司），农户饲养畜禽苗至成品后交付公司回收，公司将回收的成品畜禽用于销售。

在上述经营模式下，纳税人回收再销售畜禽，属于农业生产者销售自产农产品，应根据《中华人民共和国增值税暂行条例》的有关规定免征增值税。

本公告中的畜禽是指属于《财政部 国家税务总局关于印发〈农业产品征税范围注释〉的通知》(财税字〔1995〕52 号)文件中规定的农业产品。

财政部 国家税务总局
关于印发《农业产品征税范围注释》的通知

1995 年 6 月 15 日   财税字〔1995〕52 号

附件

农业产品征税范围注释

二、动物类

动物类包括人工养殖和天然生长的各种动物的初级产品。具体征税范围为:

……

(二)畜牧产品

畜牧产品是指人工饲养、繁殖取得和捕获的各种畜禽。本货物的征税范围包括:

1. 兽类、禽类和爬行类动物,如……鸭等。

划重点 消痛点

根据国家税务总局公告 2013 年第 8 号、财税字〔1995〕52 号文件附件《农业产品征税范围注释》第二条第(二)项第 1 点的规定,纳税人销售"公司＋农户"经营模式饲养的畜禽,可享受免征增值税优惠的,除本案例中的鸭外,还包括牛、马、猪、羊、鸡等。

第三节　农民专业合作社增值税优惠

案例 48

农民专业合作社销售本社成员生产的农产品可以免征增值税吗？

E 合作社是一家依照《中华人民共和国农民专业合作社法》规定设立和登记的农民专业合作社，属于增值税一般纳税人。

2022 年 11 月，E 合作社销售本社成员生产的甘蔗，取得销售收入 50 万元，开具了增值税普通发票。

E 合作社对其销售本社成员生产的农业产品业务在财务上实行单独核算。

❓提问　林老师，E 合作社销售本社成员生产的甘蔗可以免征增值税吗？

林老师解答

可以。

◆**政策依据**

财政部　国家税务总局
关于农民专业合作社有关税收政策的通知

2008 年 6 月 24 日　财税〔2008〕81 号

一、对农民专业合作社销售本社成员生产的农业产品，视同农业生产者销售自产农业产品免征增值税。

……

本通知所称农民专业合作社，是指依照《中华人民共和国农民专业合作社法》规定设立和登记的农民专业合作社。

本通知自 2008 年 7 月 1 日起执行。

财政部 国家税务总局
关于印发《农业产品征税范围注释》的通知

1995 年 6 月 15 日　财税字〔1995〕52 号

附件

农业产品征税范围注释

农业产品是指种植业、养殖业、林业、牧业、水产业生产的各种植物、动物的初级产品。农业产品的征税范围包括：

一、植物类

植物类包括人工种植和天然生长的各种植物的初级产品。具体征税范围为：

……

(九)糖料植物

糖料植物是指主要用作制糖的各种植物,如甘蔗、甜菜等。

划重点　消痛点

本案例中,假定 E 合作社于 2023 年 1 月销售本社成员生产的竹笋,取得销售收入 80 万元,开具了增值税普通发票,则根据财税〔2008〕81 号文件第一条、财税字〔1995〕52 号文件附件《农业产品征税范围注释》第一条第(十)项第 4 点的规定,E 合作社销售本社成员生产的竹笋也可以免征增值税。

知识链接

1. 什么是农民专业合作社?

根据《中华人民共和国农民专业合作社法》(中华人民共和国主席令第八十三号)第二条规定,农民专业合作社是指在农村家庭承包经营基础上,农产品的生产经营者或者农业生产经营服务的提供者、利用者,自愿联合、民主管理的互助性经济组织。

2. 农民专业合作社开展哪些业务?

根据《中华人民共和国农民专业合作社法》第三条规定,农民专业合作社以其成员为主要服务对象,开展以下一种或者多种业务:(一)农业生产资料的购买、使用;(二)农产品的生产、销售、加工、运输、贮藏及其他相关服务;(三)农村民间工艺及制品、休闲农业和乡村旅游资源的开发经营等;(四)与农业生产经营有关的技术、信息、设施建设运营等服务。

3.农业产品征税范围

根据财税字〔1995〕52号文件规定,《农业产品征税范围注释》如下:

农业产品是指种植业、养殖业、林业、牧业、水产业生产的各种植物、动物的初级产品。农业产品的征税范围包括:

一、植物类

植物类包括人工种植和天然生长的各种植物的初级产品。具体征税范围为:

(一)粮食

粮食是指各种主食食科植物果实的总称。本货物的征税范围包括小麦,稻谷,玉米,高粱,谷子和其他杂粮(如:大麦,燕麦等),以及经碾磨、脱壳等工艺加工后的粮食(如:面粉、米、玉米面、渣等)。

切面、饺子皮、馄饨皮、面皮、米粉等粮食复制品,也属于本货物的征税范围。

以粮食为原料加工的速冻食品、方便面、副食品和各种熟食品,不属于本货物的征税范围。

(二)蔬菜

蔬菜是指可作副食的草本、木本植物的总称。本货物的征税范围包括各种蔬菜、菌类植物和少数可作副食的木本植物。

经晾晒、冷藏、冷冻、包装、脱水等工序加工的蔬菜、腌菜、咸菜、酱菜和盐渍蔬菜等,也属于本货物的征税范围。

各种蔬菜罐头(罐头是指以金属罐、玻璃瓶和其他材料包装,经排气密封的各种食品。下同)不属于本货物的征税范围。

(三)烟叶

烟叶是指各种烟草的叶片和经过简单加工的叶片。本货物的征税范围包括晒烟叶、晾烟叶和初烤烟叶。

1. 晒烟叶。是指利用太阳能露天晒制的烟叶。

2. 晾烟叶。是指在晾房内自然干燥的烟叶。

3. 初烤烟叶。是指烟草种植者直接烤制的烟叶。不包括专业复烤厂烤制的复烤烟叶。

(四)茶叶

茶叶是指从茶树上采摘下来的鲜叶和嫩芽(即茶青),以及经吹干、揉拌、发酵、烘干等工序初制的茶。本货物的征税范围包括各种毛茶(如红毛茶、绿毛茶、乌龙毛茶、白毛茶、黑毛茶等)。

精制茶、边销茶及掺对各种药物的茶和茶饮料,不属于本货物的征税范围。

(五)园艺植物

园艺植物是指可供食用的果实,如水果、果干(如荔枝干、桂圆干、葡萄干等),干果、果仁、果用瓜(如甜瓜、西瓜、哈密瓜等),以及胡椒、花椒、大料、咖啡豆等。

经冷冻、冷藏、包装等工序加工的园艺植物,也属于本货物的征税范围。

各种水果罐头、果脯、蜜饯、炒制的果仁、坚果、碾磨后的园艺植物(如胡椒粉、花椒粉等),不属于本货物的征税范围。

(六)药用植物

药用植物是指用作中药原药的各种植物的根、茎、皮、叶、花、果实等。

利用上述药用植物加工制成的片、丝、块、段等中药饮片,也属于本货物的征税范围。

中成药不属于本货物的征税范围。

(七)油料植物

油料植物是指主要用作榨取油脂的各种植物的根、茎、叶、果实、花或者胚芽组织等初级产品,如菜子(包括芥菜子)、花生、大豆、葵花子、蓖麻子、芝麻子、胡麻子、茶子、桐子、橄榄仁、棕榈仁、棉籽等。

提取芳香油的芳香油料植物,也属于本货物的征税范围。

(八)纤维植物

纤维植物是指利用其纤维作纺织,造纸原料或者绳索的植物,如棉(包括籽棉、皮棉、絮棉)、大麻、黄麻、槿麻、苎麻、茼麻、亚麻、罗布麻、蕉麻、剑麻等。

棉短绒和麻纤维经脱胶后的精干(洗)麻,也属于本货物的征税范围。

(九)糖料植物

糖料植物是指主要用作制糖的各种植物,如甘蔗、甜菜等。

(十)林业产品

林业产品是指乔木、灌木和竹类植物,以及天然树脂、天然橡胶。林业产品的征税范围包括:

1. 原木。是指将砍伐倒的乔木去其枝芽,梢头或者皮的乔木、灌木,以及锯成一定长度的木段。

锯材不属于本货物的征税范围。

2. 原竹。是指将砍倒的竹去其枝、梢或者叶的竹类植物,以及锯成一定长度的竹段。

3.天然树脂。是指木科植物的分泌物,包括生漆、树脂和树胶,如松脂、桃胶、樱胶、阿拉伯胶、古巴胶和天然橡胶(包括乳胶和干胶)等。

4.其他林业产品。是指除上述列举林业产品以外的其他各种林业产品,如竹笋、笋干、棕竹、棕榈衣、树枝、树叶、树皮、藤条等。

盐水竹笋也属于本货物的征税范围。

竹笋罐头不属于本货物的征税范围。

(十一)其他植物

其他植物是指除上述列举植物以外的其他各种人工种植和野生的植物,如树苗、花卉、植物种子、植物叶子、草、麦秸、豆类、薯类、藻类植物等。

干花、干草、薯干、干制的藻类植物,农业产品的下脚料等,也属于本货物的征税范围。

二、动物类

动物类包括人工养殖和天然生长的各种动物的初级产品。具体征税范围为:

(一)水产品

水产品是指人工放养和人工捕捞的鱼、虾、蟹、鳖、贝类、棘皮类、软体类、腔肠类、海兽类动物。本货物的征税范围包括鱼、虾、蟹、鳖、贝类、棘皮类、软体类、腔肠类、海兽类、鱼苗(卵)、虾苗、蟹苗、贝苗(秧),以及经冷冻、冷藏、盐渍等防腐处理和包装的水产品。

干制的鱼、虾、蟹、贝类、棘皮类、软体类、腔肠类,如干鱼、干虾、干虾仁、干贝等,以及未加工成工艺品的贝壳、珍珠,也属于本货物的征税范围。

熟制的水产品和各类水产品的罐头,不属于本货物的征税范围。

(二)畜牧产品

畜牧产品是指人工饲养、繁殖取得和捕获的各种畜禽。本货物的征税范围包括:

1.兽类、禽类和爬行类动物,如牛、马、猪、羊、鸡、鸭等。

2.兽类、禽类和爬行类动物的肉产品,包括整块或者分割的鲜肉、冷藏或者冷冻肉、盐渍肉、兽类、禽类和爬行类动物的内脏、头、尾、蹄等组织。

各种兽类、禽类和爬行类动物的肉类生制品,如腊肉、腌肉、熏肉等,也属于本货物的征税范围。

各种肉类罐头、肉类熟制品,不属于本货物的征税范围。

3.蛋类产品。是指各种禽类动物和爬行类动物的卵,包括鲜蛋、冷藏蛋。

经加工的咸蛋、松花蛋、腌制的蛋等,也属于本货物的征税范围。

各种蛋类的罐头不属于本货物的征税范围。

4.鲜奶。是指各种哺乳类动物的乳汁和经净化,杀菌等加工工序生产的乳汁。

用鲜奶加工的各种奶制品,如酸奶、奶酪、奶油等,不属于本货物的征税范围。

(三)动物皮张

动物皮张是指从各种动物(兽类、禽类和爬行类动物)身上直接剥取的,未经鞣制的生皮、生皮张。

将生皮、生皮张用清水、盐水或者防腐药水浸泡、刮里、脱毛、晒干或者熏干,未经鞣制的,也属于本货物的征税范围。

(四)动物毛绒

动物毛绒是指未经洗净的各种动物的毛发、绒发和羽毛。

洗净毛、洗净绒等不属于本货物的征税范围。

(五)其他动物组织

其他动物组织是指上述列举以外的兽类、禽类、爬行类动物的其他组织,以及昆虫类动物。

1.蚕茧。包括鲜茧和干茧,以及蚕蛹。

2.天然蜂蜜。是指采集的未经加工的天然蜂蜜、鲜蜂王浆等。

3.动物树脂。如虫胶等。

4.其他动物组织。如动物骨、壳、兽角、动物血液、动物分泌物、蚕种等。

案例 49

增值税一般纳税人从农民专业合作社购进的
免税农业产品,可以计算抵扣增值税进项税额吗?

承接案例48。

❓ 提问 林老师,增值税一般纳税人 F 公司于 2022 年 11 月向 E 合作社采购甘蔗 20 万元,用于生产 13% 税率货物;F 公司从 E 合作社购进的免税甘蔗,可按 10% 的扣除率计算抵扣增值税进项税额吗?

林老师解答

可以。

◆**政策依据**

财政部　国家税务总局
关于农民专业合作社有关税收政策的通知

2008 年 6 月 24 日　财税〔2008〕81 号

二、增值税一般纳税人从农民专业合作社购进的免税农业产品,可按13%的扣除率计算抵扣增值税进项税额。

财政部　税务总局
关于调整增值税税率的通知

2018 年 4 月 4 日　财税〔2018〕32 号

三、纳税人购进用于生产销售或委托加工 16%税率货物的农产品,按照12%的扣除率计算进项税额。

……

六、本通知自 2018 年 5 月 1 日起执行。……

财政部　税务总局　海关总署关于深化增值税改革有关政策的公告

2019 年 3 月 20 日　财政部　税务总局　海关总署公告 2019 年第 39 号

二、……纳税人购进用于生产或者委托加工 13%税率货物的农产品,按照 10%的扣除率计算进项税额。

……

九、本公告自 2019 年 4 月 1 日起执行。

案例 50

农民专业合作社向本社成员销售农药可以免征增值税吗？

G 合作社是一家依照《中华人民共和国农民专业合作社法》规定设立和登记的农民专业合作社，属于增值税一般纳税人。

2022 年 11 月，G 合作社向本社成员销售农药，取得销售收入 30 万元，开具了增值税普通发票。

G 合作社对其向本社成员销售农药业务在财务上实行单独核算。

❓ 提问 林老师，G 合作社向本社成员销售农药可以免征增值税吗？

林老师解答

可以。

◆ 政策依据

财政部 国家税务总局
关于农民专业合作社有关税收政策的通知

2008 年 6 月 24 日 财税〔2008〕81 号

三、对农民专业合作社向本社成员销售的……农药……，免征增值税。

财政部 国家税务总局
关于对化肥恢复征收增值税政策的补充通知

2015 年 8 月 28 日 财税〔2015〕97 号

五、《财政部 国家税务总局关于农民专业合作社有关税收政策的通知》（财税〔2008〕81 号）第三条关于"化肥"的规定自 2015 年 9 月 1 日起停止执行。

划重点 消痛点

根据财税〔2008〕81 号文件第三条、财税〔2015〕97 号文件第五条的规定，农民专业合作社向本社成员销售的农业生产资料可享受免征增值税优惠的，除本案例中的农药外，还包括农膜、种子、种苗、农机。

第四节　农业生产资料增值税优惠

案例 51

农村集体经济组织销售农药制剂可以免征增值税吗？

H 单位是一家农村集体经济组织，属于增值税一般纳税人。

2022 年 11 月，H 单位销售农药制剂，取得销售收入 49 万元，开具了增值税普通发票。

H 单位对其农药制剂销售业务在财务上实行单独核算。

？提问　林老师，H 单位销售农药制剂可以免征增值税吗？

林老师解答

可以。

◆ **政策依据**

财政部　国家税务总局
关于若干农业生产资料征免增值税政策的通知

2001 年 7 月 20 日　财税〔2001〕113 号

一、下列货物免征增值税：

……

4. 批发和零售的……农药……

财政部　海关总署　国家税务总局
关于对化肥恢复征收增值税政策的通知

2015 年 8 月 10 日　财税〔2015〕90 号

一、自 2015 年 9 月 1 日起，对纳税人销售和进口化肥统一按 13％税率征收国内环节和进口环节增值税。钾肥增值税先征后返政策同时停止执行。

二、化肥的具体范围，仍然按照《国家税务总局关于印发＜增值税部分货物征税范围注释＞的通知》(国税发〔1993〕151号)的规定执行。进口环节恢复征收增值税的化肥税号见附件。

三、财政部 国家税务总局《关于若干农业生产资料征免增值税政策的通知》(财税〔2001〕113号)第一条第2项和第4项"化肥"的规定……自2015年9月1日起停止执行。

国家税务总局
关于印发《增值税部分货物征税范围注释》的通知

1993年12月25日　国税发〔1993〕151号

增值税部分货物征税范围注释

十四、农药

农药是指用于农林业防治病虫害、除草及调节植物生长的药剂。农药包括农药原药和农药制剂。如杀虫剂、杀菌剂、除草剂、植物生长调节剂、植物性农药、微生物农药、卫生用药、其他农药原药、制剂等等。

划重点　消痛点

根据财税〔2001〕113号文件第一条第4点、财税〔2015〕90号文件的规定，批发和零售的农业生产资料可享受免征增值税优惠的，除本案例中的农药外，还包括种子、种苗、农机。

案例52

农村集体经济组织销售有机肥料可以免征增值税吗？

Ⅰ单位是一家农村集体经济组织，属于增值税一般纳税人。

2022年11月，Ⅰ单位销售有机肥料，取得销售收入40万元，开具了增值税普通发票。该有机肥料属于来源于植物和(或)动物，施于土壤以提供植物营养为主要功能的含碳物料。

Ⅰ单位对其有机肥料销售业务在财务上实行单独核算。

提问 林老师，Ⅰ单位销售有机肥料可以免征增值税吗？

林老师解答

可以。

◆政策依据

财政部 国家税务总局
关于有机肥产品免征增值税的通知

2008 年 4 月 29 日　财税〔2008〕56 号

一、自 2008 年 6 月 1 日起,纳税人生产销售和批发、零售有机肥产品免征增值税。

二、享受上述免税政策的有机肥产品是指有机肥料……

(一)有机肥料

指来源于植物和(或)动物,施于土壤以提供植物营养为主要功能的含碳物料。

……

四、纳税人销售免税的有机肥产品,应按规定开具普通发票,不得开具增值税专用发票。

划重点　消痛点

根据财税〔2008〕56 号文件第二条的规定,可免征增值税的有机肥产品,除本案例中的有机肥料外,还包括有机－无机复混肥料、生物有机肥;有机－无机复混肥料指由有机和无机肥料混合和(或)化合制成的含有一定量有机肥料的复混肥料,生物有机肥指特定功能微生物与主要以动植物残体(如禽畜粪便、农作物秸秆等)为来源并经无害化处理、腐熟的有机物料复合而成的一类兼具微生物肥料和有机肥效应的肥料。

根据财税〔2008〕56 号文件第五条的规定,纳税人申请免征增值税,应向主管税务机关提供以下资料,凡不能提供的,一律不得免税。

(一)生产有机肥产品的纳税人。

1.由农业部或省、自治区、直辖市农业行政主管部门批准核发的在有效期内的肥料登记证复印件,并出示原件。

2.由肥料产品质量检验机构一年内出具的有机肥产品质量技术检测合

91

格报告原件。出具报告的肥料产品质量检验机构须通过相关资质认定。

3.在省、自治区、直辖市外销售有机肥产品的,还应提供在销售使用地省级农业行政主管部门办理备案的证明原件。

(二)批发、零售有机肥产品的纳税人。

1.生产企业提供的在有效期内的肥料登记证复印件。

2.生产企业提供的产品质量技术检验合格报告原件。

3.在省、自治区、直辖市外销售有机肥产品的,还应提供在销售使用地省级农业行政主管部门办理备案的证明复印件。

案例 53

农村集体经济组织销售大棚膜可以免征增值税吗?

J单位是一家农村集体经济组织,属于增值税一般纳税人。

2022年11月,J单位销售农业生产用的大棚膜,取得销售收入42万元,开具了增值税普通发票。

J单位对其大棚膜销售业务在财务上实行单独核算。

提问 林老师,J单位销售大棚膜可以免征增值税吗?

林老师解答

可以。

◆ 政策依据

财政部 国家税务总局
关于若干农业生产资料征免增值税政策的通知

2001年7月20日   财税〔2001〕113号

一、下列货物免征增值税:

1.农膜。

国家税务总局

关于印发《增值税部分货物征税范围注释》的通知

1993 年 12 月 25 日　国税发〔1993〕151 号

增值税部分货物征税范围注释

十五、农膜

农膜是指用于农业生产的各种······大棚膜。

划重点　消痛点

根据财税〔2001〕113 号文件第一条第 1 点、国税发〔1993〕151 号文件第十五条的规定,免征增值税的农膜,除本案例中的用于农业生产的大棚膜外,还包括用于农业生产的地膜。

案例 54

农村集体经济组织销售鱼粉可以免征增值税吗?

K 单位是一家农村集体经济组织,属于增值税一般纳税人。

2022 年 11 月,K 单位销售鱼粉,取得销售收入 42 万元,开具了增值税普通发票。该鱼粉属于单一大宗饲料。

K 单位对其鱼粉销售业务在财务上实行单独核算。

❓提问　林老师,K 单位销售鱼粉可以免征增值税吗?

林老师解答

可以。

◆政策依据

财政部 国家税务总局
关于饲料产品免征增值税问题的通知

2001 年 7 月 12 日　财税〔2001〕121 号

一、免税饲料产品范围包括：

（一）单一大宗饲料。指以一种动物、植物、微生物或矿物质为来源的产品或其副产品。其范围仅限于……鱼粉……

国家税务总局
关于修订"饲料"及加强饲料征免增值税管理问题的通知

1999 年 3 月 8 日　国税发〔1999〕39 号

一、饲料指用于动物饲养的产品或其加工品。

本货物的范围包括：

1. 单一大宗饲料。指以一种动物、植物、微生物或矿物质为来源的产品或其副产品。其范围仅限于……鱼粉……

划重点　消痛点

根据国税发〔1999〕39 号文件第一条第 1 点的规定，免征增值税的单一大宗饲料，除本案例中的鱼粉外，还包括糠麸、酒糟、油饼、骨粉、饲料级磷酸氢钙。

案例 55

农村集体经济组织销售滴灌带可以免征增值税吗？

L 单位是一家农村集体经济组织，属于增值税一般纳税人。

2022 年 11 月，L 单位批发、零售滴灌带，取得销售收入 52 万元，开具了增值税普通发票。

L 单位对其滴灌带销售业务在财务上实行单独核算。

提问　林老师，L 单位销售滴灌带可以免征增值税吗？

林老师解答

可以。

◆政策依据

财政部 国家税务总局
关于免征滴灌带和滴灌管产品增值税的通知

2007 年 5 月 30 日　财税〔2007〕83 号

一、自 2007 年 7 月 1 日起,纳税人生产销售和批发、零售滴灌带和滴灌管产品免征增值税。

滴灌带和滴灌管产品是指农业节水滴灌系统专用的、具有制造过程中加工的孔口或其他出流装置、能够以滴状或连续流状出水的水带和水管产品。滴灌带和滴灌管产品按照国家有关质量技术标准要求进行生产,并与 PVC 管(主管)、PE 管(辅管)、承插管件、过滤器等部件组成为滴灌系统。

……

四、生产滴灌带和滴灌管产品的纳税人申请办理免征增值税时,应向主管税务机关报送由产品质量检验机构出具的质量技术检测合格报告,出具报告的产品质量检验机构须通过省以上质量技术监督部门的相关资质认定。批发和零售滴灌带和滴灌管产品的纳税人申请办理免征增值税时,应向主管税务机关报送由生产企业提供的质量技术检测合格报告原件或复印件。未取得质量技术检测合格报告的,不得免税。

国家税务总局
关于公布取消一批税务证明事项以及废止和修改部分规章规范性文件的决定

2019 年 7 月 24 日　国家税务总局令第 48 号

附件 1

取消的税务证明事项目录

序号	证明名称	证明用途	取消后的办理方式
12	滴灌带和滴灌管产品质量技术检测合格报告	纳税人办理生产、批发和零售滴灌带和滴灌管产品免征增值税备案时,需提供通过省以上质量技术监督部门的相关资质认定的产品质量检验机构出具的质量技术检测合格报告。	不再提交。滴灌带和滴灌管产品应当符合国家有关质量技术标准。主管税务机关应加强后续管理,必要时可委托第三方检测机构对产品进行检测,一经发现不符合免税条件的,应及时纠正并依法处理。

划重点　消痛点

　　财税〔2007〕83号文件第二条规定,享受免税政策的纳税人应按照《中华人民共和国增值税暂行条例》及其实施细则等规定,单独核算滴灌带和滴灌管产品的销售额。未单独核算销售额的,不得免税。

　　财税〔2007〕83号文件第三条规定,纳税人销售免税的滴灌带和滴灌管产品,应一律开具普通发票,不得开具增值税专用发票。

第五节　边销茶增值税优惠

案例 56

边销茶经销企业销售边销茶可以免征增值税吗?

M 单位是一家边销茶经销企业,属于增值税一般纳税人。

2022 年 12 月,M 单位销售边销茶,取得销售收入 70 万元,开具了增值税普通发票。

M 单位对其边销茶销售业务在财务上实行单独核算。

？提问 林老师,M 单位销售边销茶可以免征增值税吗?

林老师解答

可以。

◆政策依据

财政部　税务总局
关于继续执行边销茶增值税政策的公告

2021 年 2 月 19 日　财政部 税务总局公告 2021 年第 4 号

一、自 2021 年 1 月 1 日起至 2023 年 12 月 31 日,对边销茶……经销企业销售的边销茶免征增值税。

本公告所称边销茶,是指以黑毛茶、老青茶、红茶末、绿茶为主要原料,经过发酵、蒸制、加压或者压碎、炒制,专门销往边疆少数民族地区的紧压茶。

划重点　消痛点

根据财政部 税务总局公告 2021 年第 4 号第 1 条的规定,除本案例中的边销茶经销企业销售边销茶外，边销茶生产企业销售自产的边销茶，也可以享受免征增值税政策。适用增值税免税政策的边销茶生产企业如下表：

适用增值税免税政策的边销茶生产企业名单

序号	企业名称	企业注册地
1	宁波赤岩峰茶业有限公司	浙江省宁海县
2	新昌县江南诚茂砖茶有限公司	浙江省新昌县
3	浙江武义骆驼九龙砖茶有限公司	浙江省武义县
4	浙江景宁慧明红实业发展有限公司	浙江省景宁县
5	浙江茗达茶业有限公司	浙江省龙游县
6	信阳市四季香茶业有限公司	河南省光山县
7	羊楼洞茶业股份有限公司	湖北省咸宁市
8	鑫鼎生物科技有限公司	湖北省宜昌市
9	湖北省赵李桥茶厂有限责任公司	湖北省赤壁市
10	湖北省洞庄茶业有限公司	湖北省赤壁市
11	宜都市安明有机富锌茶业有限公司	湖北省宜都市
12	湖北一盅春茶业科技有限公司	湖北省崇阳县
13	湖北省赤壁市思庄茶业股份有限公司	湖北省咸宁市
14	湖北力沃茶业股份有限公司	湖北省咸宁市
15	湖北富华茶业有限公司	湖北省英山县
16	咸宁市柏庄茶业有限公司	湖北省咸宁市
17	湖北赤壁赵李桥茶业有限公司	湖北省赤壁市
18	咸宁市柏墩生甡川砖茶厂	湖北省咸宁市
19	咸宁市三山川茶业股份有限公司	湖北省咸宁市
20	临湘市茶业有限责任公司	湖南省临湘市
21	岳阳三湘茶业有限公司	湖南省临湘市
22	湖南省临湘永巨茶业有限公司	湖南省临湘市
23	湖南紫艺茶业有限公司	湖南省沅陵县
24	沅陵县天湖茶业开发有限公司	湖南省沅陵县

序号	企业名称	企业注册地
25	湖南省明伦茶业有限公司	湖南省临湘市
26	湖南省白沙溪茶厂股份有限公司	湖南省益阳市
27	益阳茶厂有限公司	湖南省益阳市
28	湖南益阳香炉山茶业股份有限公司	湖南省益阳市
29	中茶湖南安化第一茶厂有限公司	湖南省安化县
30	会同瑞春茶业有限公司	湖南省会同县
31	湖南官庄干发茶业有限公司	湖南省沅陵县
32	湖南浩茗茶业食品有限公司	湖南省桃江县
33	安化连心岭茶业有限公司	湖南省安化县
34	湖南省高马二溪茶业有限公司	湖南省安化县
35	城步白云湖生态农业发展有限公司	湖南省城步县
36	安化怡清源茶业有限公司	湖南省安化县
37	湖南金湘叶茶业股份有限公司	湖南省益阳市
38	湖南阿香茶果食品有限公司	湖南省安化县
39	广西金花茶业有限公司	广西横县
40	广西南山白毛茶茶业有限公司	广西横县
41	广西顺来茶业有限公司	广西横县
42	广西梧州茂圣茶业有限公司	广西梧州市
43	广西梧州圣源茶业有限公司	广西梧州市
44	广西壮族自治区梧州茶厂	广西梧州市
45	四川省平武雪宝顶茶业(集团)有限责任公司	四川省平武县
46	雅安茶厂股份有限公司	四川省雅安市
47	四川吉祥茶业有限公司	四川省雅安市
48	雅安市蔡龙茶厂	四川省雅安市
49	雅安市名山区西藏朗赛茶厂	四川省雅安市
50	雅安市友谊茶叶有限公司	四川省雅安市

序号	企业名称	企业注册地
51	雅安市和龙茶业有限公司	四川省雅安市
52	四川雅安周公山茶业有限公司	四川省雅安市
53	四川省雅安义兴藏茶有限公司	四川省雅安市
54	四川省洪雅县松潘民族茶厂	四川省洪雅县
55	四川省茶业集团股份有限公司	四川省宜宾市
56	贵州黔韵福生态茶业有限公司	贵州省凤冈县
57	镇宁自治县金瀑农产品开发有限责任公司	贵州省镇宁县
58	贵州都云毛尖茶叶有限公司	贵州省都匀市
59	都匀市高寨水库茶场有限公司	贵州省都匀市
60	贵州梵锦茶业有限公司	贵州省松桃县
61	云南下关沱茶(集团)股份有限公司	云南省大理市
62	临沧天下茶都茶业有限公司	云南省临沧市
63	咸阳泾渭茯茶有限公司	陕西省西咸新区

第六节 进口饲料、种子种源增值税优惠

案例57

农村集体经济组织进口玉米糠、麸及其他残渣，可以免征进口环节增值税吗？

N单位是一家农村集体经济组织，属于增值税一般纳税人。

2022年12月，N单位进口玉米糠、麸及其他残渣，该玉米糠、麸及其他残渣属于《财政部 国家税务总局关于免征饲料进口环节增值税的通知》（财税〔2001〕82号）附表《进口饲料免征增值税范围》所列进口饲料。

❓**提问** 林老师，N单位进口玉米糠、麸及其他残渣，可以免征进口环节增值税吗？

林老师解答

可以。

◆**政策依据**

财政部 国家税务总局
关于免征饲料进口环节增值税的通知

2001年8月14日 财税〔2001〕82号

经国务院批准，对《进口饲料免征增值税范围》（见附表）所列进口饲料范围免征进口环节增值税。序号1~13的商品，自2001年1月1日起执行……

附件

进口饲料免征增值税的商品范围

序号	税则号列	货品名称	法定增值税税率(%)	执行增值税税率(%)
……	……	……	……	……
3	23021000	玉米糠、麸及其他残渣	13	免

知识链接

免征进口环节增值税的进口饲料有哪些?

根据财税〔2001〕82 号文件的规定,免征进口环节增值税的进口饲料范围如下表:

进口饲料免征增值税的商品范围

序号	税则号列	货品名称	法定增值税税率(%)	执行增值税税率(%)
1	23012010	饲料用鱼粉	13	免
2	23012090	其他不适用供人食用的水产品残渣	13	免
3	23021000	玉米糠、麸及其他残渣	13	免
4	23022000	稻米糠、麸及其他残渣	13	免
5	23023000	小麦糠、麸及其他残渣	13	免
6	23024000	其他谷物糠、麸及其他残渣	13	免
7	23033000	酿造及蒸馏过程中的糟粕及残渣	13	免
8	23050000	花生油渣饼	13	免
9	23061000	棉子油渣饼	13	免
10	23062000	亚麻子油渣饼	13	免
11	23063000	葵花子油渣饼	13	免
12	23064000	油菜子油渣饼	13	免
13	23070000	葡萄酒渣、粗酒石	13	免
14	12141000	紫苜蓿粗粉及团粒	13	免
15	12149000	芜菁甘蓝、饲料甜菜等其他植物饲料	13	免

案例 58

农村集体经济组织进口种子种源,可以免征进口环节增值税吗?

P 单位是一家农村集体经济组织,属于增值税一般纳税人。

2022 年 12 月,P 单位进口种子种源,该种子种源属于《进口种子种源免征增值税商品清单》所列进口种子种源。

❓提问 林老师,P 单位进口种子种源,可以免征进口环节增值税吗?

林老师解答

可以。

◆ 政策依据

财政部 国家税务总局 海关总署
关于"十四五"期间种子种源进口税收政策的通知

2021 年 4 月 21 日 财关税〔2021〕29 号

一、自 2021 年 1 月 1 日至 2025 年 12 月 31 日,对符合《进口种子种源免征增值税商品清单》的进口种子种源免征进口环节增值税。

划重点 消痛点

根据《农业农村部办公厅关于公布调整后〈进口种子种源免征增值税商品清单〉(第一批)的通知》(农办外〔2022〕1 号),第一批进口种子种源免征增值税商品如下表:

第一批进口种子种源免征增值税商品清单

(按 10 位商品编号)

序号	税则号列	商品描述	商品编号
		一、种子(苗)	
1	06011010	番红花球茎	06011 010.00
2	06011021	种用百合球茎	06011 021.00

续表

序号	税则号列	商品描述	商品编号
3	ex06011091	种用休眠的鳞茎、块茎、块根、球茎、根颈及根茎(濒危除外)	06011 091.99
4	ex06012000	生长或开花的鳞茎、块茎、块根、球茎、根颈及根茎;菊苣植物及其根(濒危除外)	06012 000.99
5	ex06021000	无根插枝及接穗(濒危除外)	06021 000.90
6	06022010	食用水果或食用坚果的种用苗木	06022 010.00
7	ex06029091	其他种用苗木(濒危除外)	06029 091.99
8	07131010	种用豌豆	07131 010.00
9	07133310	种用芸豆	07133 310.00
10	07135010	种用蚕豆	07135 010.00
11	07139010	其他种用干豆	07139 010.00
12	10031000	种用大麦	10031 000.00
13	10041000	种用燕麦	10041 000.00
14	10051000	种用玉米	10051 000.01 10051 000.90
15	10071000	种用食用高粱	10071 000.00
16	ex12040000	亚麻种子	12040 000.10
17	12051010	种用低芥子酸油菜子	12051 010.00
18	12059010	种用其他油菜子	12059 010.00
19	12073010	种用蓖麻子	12073 010.00
20	12077010	种用甜瓜子	12077 010.00
21	ex12079910	大麻子	12079 910.10
22	12091000	糖甜菜子	12091 000.00
23	12092910	甜菜子,糖甜菜子除外	12092 910.00
24	12092990	其他饲料植物种子	12092 990.00
25	ex12093000	草本花卉植物种子(濒危除外)	12093 000.90
26	12099100	蔬菜种子	12099 100.00
27	ex12099900	黄麻种子、红麻种子、柴胡种子、当归种子、白芷种子、林木种子(濒危除外)	12099 900.20
二、种畜(禽)			
28	ex01012100	改良种用马(濒危野马除外)	01012 100.90

续表

序号	税则号列	商品描述	商品编号
29	ex01013010	改良种用驴（濒危野驴除外）	01013 010.90
30	01022100	改良种用家牛	01022 100.00
31	ex01023100	改良种用水牛（濒危水牛除外）	01023 100.90
32	ex01031000	改良种用猪（鹿豚、姬猪除外）	01031 000.90
33	01041010	改良种用绵羊	01041 010.00
34	01042010	改良种用山羊	01042 010.00
35	01051110	重量不超过185克的改良种用鸡	01051 110.00
36	01051210	重量不超过185克的改良种用火鸡	01051 210.00
37	01051310	重量不超过185克的改良种用鸭	01051 310.00
38	01051410	重量不超过185克的改良种用鹅	01051 410.00
39	01051510	重量不超过185克的改良种用珍珠鸡	01051 510.00
40	01059410	重量大于185克的改良种用鸡	01059 410.00
41	01059910	重量大于185克的改良种用其他家禽	01059 910.00
42	ex01061310	改良种用骆驼及其他骆驼科动物（濒危骆驼及其他濒危骆驼科动物除外）	01061 310.90
43	ex01061410	改良种用家兔及野兔（濒危除外）	01061 410.90
44	ex01061910	改良种用梅花鹿、马鹿、驯鹿、水貂、银狐、北极狐、貉（濒危除外）	01061 910.20
45	ex01063310	改良种用鸵鸟;鸸鹋（濒危鸵鸟除外）	01063 310.90
46	ex01063910	改良种用鸽、鹌鹑	01063 910.20
47	01064110	改良种用蜂	01064 110.00
48	ex04071100	孵化用受精的鸡的蛋（濒危除外）	04071 100.90
49	ex04071900	其他孵化用受精禽蛋（濒危禽蛋除外）	04071 900.90
50	ex05111000	牛的精液（濒危野牛的精液除外）	05111 000.90
51	ex05119910	其他动物精液（牛的精液和其他濒危动物精液除外）	05119 910.90
52	ex05119920	猪、牛、山羊、绵羊胚胎（濒危除外）	05119 920.20
		三、鱼种（苗）	
53	ex03011100	淡水鱼观赏鱼种苗（濒危除外）	03011 100.20
54	ex03011900	非淡水观赏鱼种苗（濒危除外）	03011 900.20

续表

序号	税则号列	商品描述	商品编号
55	03019110	鳟鱼(河鳟、虹鳟、克拉克大麻哈鱼、阿瓜大麻哈鱼、吉雨大麻哈鱼、亚利桑那大麻哈鱼、金腹大麻哈鱼)鱼苗	03019 110.00
56	ex03019210	鳗鱼(鳗鲡属)鱼苗(濒危除外)	03019 210.90
57	ex03019310	鲤属鱼鱼苗	03019 310.10
58	03019410	大西洋及太平洋蓝鳍金枪鱼鱼苗	03019 410.00
59	03019510	南方蓝鳍金枪鱼鱼苗	03019 510.00
60	03019911	鲈鱼鱼苗	03019 911.00
61	ex03019919	其他鱼苗(濒危除外)	03019 919.90
62	ex03029100	鲜、冷的鱼卵(濒危除外)	03029 100.20
63	ex03039100	冻的鱼卵(濒危除外)	03039 100.20
64	03063110	岩礁虾及其他龙虾种苗	03063 110.00
65	03063210	鳌龙虾(鳌龙虾属)种苗	03063 210.00
66	03063310	蟹种苗	03063 310.00
67	03063510	冷水小虾及对虾(长额虾属、褐虾)种苗	03063 510.00
68	03063610	其他小虾及对虾种苗	03063 610.00
69	03063910	其他甲壳动物种苗	03063 910.00
70	ex03063990	其他甲壳动物的卵	03063 990.10
71	03071110	牡蛎(蚝)种苗	03071 110.00
72	ex03072110	扇贝及其他扇贝科软体动物的种苗	03072 110.00
73	03073110	贻贝种苗	03073 110.00
74	03074210	墨鱼及鱿鱼种苗	03074 210.00
75	ex03076010	蜗牛及螺种苗,海螺除外(濒危除外)	03076 010.90
76	ex03077110	蛤、鸟蛤及舟贝种苗(濒危除外)	03077 110.90
77	03078110	鲍鱼(鲍属)种苗	03078 110.00
78	03078210	凤螺(凤螺属)种苗	03078 210.00
79	ex03081110	海参(仿刺参、海参纲)种苗(濒危除外)	03081 110.90
80	03082110	海胆种苗	03082 110.00
81	03083011	海蜇(海蜇属)种苗	03083 011.00

续表

序号	税则号列	商品描述	商品编号
82	ex03089011	其他水生无脊椎动物的种苗（甲壳动物及软体动物和其他濒危水生无脊椎动物除外）	03089 011.90
83	ex05119111	受精鱼卵（包括发眼卵，濒危除外）	05119 111.90
84	ex12122110	不超过 10 厘米的海带种苗及其配子或孢子	12122 110.10
85	ex12122132	不超过 10 厘米的裙带菜种苗及其配子或孢子	12122 132.10
86	ex12122142	不超过 5 厘米的紫菜种苗及其配子或孢子	12122 142.10
87	ex12122169	麒麟菜种苗及其配子或孢子	12122 169.10
88	ex12122179	江篱种苗及其配子或孢子	12122 179.10
89	ex12122190	其他适合供人食用的藻类（石花菜、羊栖菜、苔菜等）种苗及其配子或孢子	12122 190.10

注:商品范围以税则号列为准;标注"ex"的表示免征进口环节增值税的种子种源商品在该税则号列范围内,以具体商品描述为准,商品编号供进出口申报参考。

第七节 农业服务增值税优惠

案例 59

农村集体经济组织提供病虫害防治服务，可以免征增值税吗？

Q 单位是一家农村集体经济组织，属于增值税一般纳税人。

2022 年 12 月，Q 单位提供病虫害防治服务，取得服务收入 10 万元，开具了增值税普通发票。

Q 单位对其病虫害防治服务业务在财务上实行单独核算。

提问 林老师，Q 单位提供病虫害防治服务可以免征增值税吗？

林老师解答

可以。

◆ **政策依据**

财政部 国家税务总局
关于全面推开营业税改征增值税试点的通知
2016 年 3 月 23 日   财税〔2016〕36 号

附件 3
营业税改征增值税试点过渡政策的规定
一、下列项目免征增值税
......
（十）......病虫害防治......
......病虫害防治，是指从事农业、林业、牧业、渔业的病虫害测报和防治的业务；......

划重点　消痛点

根据《营业税改征增值税试点过渡政策的规定》第一条第（十）项的规定，免征增值税的农业服务，除本案例中的病虫害防治外，还包括农业机耕、排灌、植物保护、农牧保险以及相关技术培训业务，家禽、牲畜、水生动物的配种和疾病防治。

第八节　农村饮水安全工程增值税优惠

案例 60

负责饮水工程运营管理的村集体经济组织向
农村居民提供生活用水，可以免征增值税吗？

R 单位是一家负责饮水工程运营管理的村集体经济组织，属于增值税一般纳税人，其运营管理的饮水工程属于为农村居民提供生活用水而建设的供水工程设施。

2022 年 12 月，R 单位向农村居民提供生活用水，取得自来水销售收入 32 万元。

❓提问　林老师，R 单位向农村居民提供生活用水，可以免征增值税吗？

林老师解答

可以。

◆ 政策依据

**财政部　国家税务总局
关于继续实行农村饮水安全工程税收优惠政策的公告**

2019 年 4 月 15 日　财政部　税务总局公告 2019 年第 67 号

四、对饮水工程运营管理单位向农村居民提供生活用水取得的自来水销售收入，免征增值税。

划重点　消痛点

本案例中，假定 R 单位于 2023 年 1 月向城镇居民提供生活用水，取得自来水销售收入 10 万元，则该销售收入应按照规定计算缴纳增值税。

第九节　农村电网维护费增值税优惠

案例 61

农村电管站取得的农村电网维护费收入可以免征增值税吗？

S 单位是一家农村电管站，属于增值税一般纳税人。

2022 年 12 月，S 单位在收取电价时一并向用户收取农村电网维护费 45 万元，开具了增值税普通发票。

S 单位对其收取的农村电网维护费在财务上实行单独核算。

❓提问　林老师，S 单位取得的农村电网维护费收入可以免征增值税吗？

林老师解答

可以。

◆ **政策依据**

财政部 国家税务总局
关于免征农村电网维护费增值税问题的通知

1998 年 3 月 5 日　财税字〔1998〕47 号

根据国务院的指示精神，经研究决定，从 1998 年 1 月 1 日起，对农村电管站在收取电价时一并向用户收取的农村电网维护费（包括低压线路损耗和维护费以及电工经费）给予免征增值税的照顾。

国家税务总局
关于农村电网维护费征免增值税问题的通知

2009 年 10 月 23 日　国税函〔2009〕591 号

根据《财政部 国家税务总局关于免征农村电网维护费增值税问题的通知》（财税字〔1998〕47 号）规定，对农村电管站在收取电价时一并向用户收取的农村电网维护费（包括低压线路损耗和维护费以及电工经费）免征增值税。

第十节　优化土地资源配置增值税优惠

案例 62

农村集体经济组织出租国有农用地给农业 生产者用于农业生产,可以免征增值税吗?

T单位是一家农村集体经济组织,属于增值税一般纳税人。

2022年12月,T单位将一幅国有农用地出租给农业生产者用于农业生产,取得租金收入62万元,开具了增值税普通发票。

T单位对其国有农用地出租业务在财务上实行单独核算。

❓提问 林老师,T单位取得的国有农用地租金收入可以免征增值税吗?

林老师解答

可以。

◆政策依据

财政部 税务总局
关于明确国有农用地出租等增值税政策的公告

2020年1月20日　财政部 税务总局公告2020年第2号

一、纳税人将国有农用地出租给农业生产者用于农业生产,免征增值税。

……

七、本公告自发布之日起执行。……

划重点 消痛点

本案例中,假定T单位将该幅国有农用地出租给甲公司用于存放甲公司生产的产品,则不满足免征增值税条件,根据《财政部 国家税务总局关于进一步明确全面推开营改增试点有关劳务派遣服务、收费公路通行费抵扣等政策的通知》(财税〔2016〕47号)第三条第(二)项的规定,T单位应按照不动产经营租赁服务缴纳增值税。

案例 63

农村集体经济组织将承包地转包给农业生产者用于农业生产,可以免征增值税吗?

U单位是一家农村集体经济组织,属于增值税一般纳税人。

2022年12月,U单位将一块承包地转包给农业生产者用于农业生产,取得转包收入32万元,开具了增值税普通发票。

U单位对其承包地转包业务在财务上实行单独核算。

？提问　林老师,U单位取得的承包地转包收入可以免征增值税吗?

林老师解答

可以。

◆政策依据

财政部　税务总局
关于建筑服务等营改增试点政策的通知
2017年7月11日　财税〔2017〕58号

四、纳税人采取转包……等方式将承包地流转给农业生产者用于农业生产,免征增值税。

……

六、本通知除第五条外,自2017年7月1日起执行。……

划重点　消痛点

根据财税〔2017〕58号文件第四条的规定,除本案例中的转包方式外,纳税人采取出租、互换、转让、入股等方式将承包地流转给农业生产者用于农业生产,也可以免征增值税。

案例 64

农村集体经济组织转让土地使用权给农业
生产者用于农业生产,可以免征增值税吗?

V 单位是一家农村集体经济组织,属于增值税一般纳税人。

2022 年 12 月,V 单位将一宗土地使用权转让给农业生产者用于农业生产,取得转让收入 82 万元,开具了增值税普通发票。

V 单位对该土地使用权转让业务在财务上实行单独核算。

❓提问 林老师,V 单位取得的土地使用权转让收入可以免征增值税吗?

林老师解答

可以。

◆政策依据

财政部 国家税务总局
关于全面推开营业税改征增值税试点的通知

2016 年 3 月 23 日　财税〔2016〕36 号

附件 3

营业税改征增值税试点过渡政策的规定

一、下列项目免征增值税

……

(三十五)将土地使用权转让给农业生产者用于农业生产。

划重点　消痛点

本案例中,假定 V 单位将该土地使用权转让给乙公司作为机动车驾驶员培训场地,则 V 单位取得的土地使用权转让收入应按照规定计算缴纳增值税。

第十一节　促进残疾人就业增值税优惠

案例 65

残疾人提供的修理修配劳务可以免征增值税吗？

农村居民于先生属于在法定劳动年龄内，持有《中华人民共和国残疾人证》的自然人。

2022 年 12 月，于先生本人为社会提供修理修配劳务，取得收入 5000 元。

？ 提问 林老师，于先生提供的修理修配劳务可以免征增值税吗？

林老师解答

可以。

◆政策依据

财政部 国家税务总局
关于全面推开营业税改征增值税试点的通知

2016 年 3 月 23 日　财税〔2016〕36 号

附件 3
　　营业税改征增值税试点过渡政策的规定
一、下列项目免征增值税
……
（六）残疾人员本人为社会提供的服务。

财政部 国家税务总局
关于促进残疾人就业增值税优惠政策的通知

2016 年 5 月 5 日　财税〔2016〕52 号

八、残疾人个人提供的加工、修理修配劳务，免征增值税。

......

十、本通知有关定义

（一）残疾人，是指法定劳动年龄内，持有《中华人民共和国残疾人证》……的自然人，包括具有劳动条件和劳动意愿的精神残疾人。

（二）残疾人个人，是指自然人。

......

十二、本通知自 2016 年 5 月 1 日起执行，……

划重点　消痛点

本案例中，假定农村居民于先生属于在法定劳动年龄内，持有《中华人民共和国残疾军人证（1 至 8 级）》的自然人，则根据财税〔2016〕52 号文件第八条、第十条第（一）项的规定，于先生提供的修理修配劳务也可以免征增值税。

第十二节　扶贫货物捐赠增值税优惠

案例 66

**农村集体经济组织将自产的农产品直接无偿捐赠给
目标脱贫地区的单位和个人,可以免征增值税吗?**

W 单位是一家农村集体经济组织,属于增值税一般纳税人。

2022 年 12 月,W 单位将自产的一批农产品直接无偿捐赠给目标脱贫地区的单位和个人。

❓提问　林老师,W 单位将自产的农产品无偿捐赠给目标脱贫地区的单位和个人,可以免征增值税吗?

林老师解答

可以。

◆ **政策依据**

**财政部　税务总局　国务院扶贫办
关于扶贫货物捐赠免征增值税政策的公告**

2019 年 4 月 10 日　财政部　税务总局　国务院扶贫办公告 2019 年第 55 号

一、自 2019 年 1 月 1 日至 2022 年 12 月 31 日,对单位或者个体工商户将自产、委托加工或购买的货物……直接无偿捐赠给目标脱贫地区的单位和个人,免征增值税。在政策执行期限内,目标脱贫地区实现脱贫的,可继续适用上述政策。

"目标脱贫地区"包括 832 个国家扶贫开发工作重点县、集中连片特困地区县(新疆阿克苏地区 6 县 1 市享受片区政策)和建档立卡贫困村。

**财政部 税务总局 人力资源社会保障部 国家乡村振兴局
关于延长部分扶贫税收优惠政策执行期限的公告**

*2021 年 5 月 6 日 财政部 税务总局 人力资源社会保障部
国家乡村振兴局公告 2021 年第 18 号*

……《财政部 税务总局 国务院扶贫办关于扶贫货物捐赠免征增值税政策的公告》（财政部 税务总局 国务院扶贫办公告 2019 年第 55 号）中规定的税收优惠政策，执行期限延长至 2025 年 12 月 31 日。

划重点 消痛点

本案例中，假定 W 单位于 2023 年 1 月将自产的一批农产品通过公益性社会组织无偿捐赠给目标脱贫地区的单位和个人，则根据财政部 税务总局 国务院扶贫办公告 2019 年第 55 号第一条、财政部 税务总局 人力资源社会保障部 国家乡村振兴局公告 2021 年第 18 号的规定，对 W 单位的该项捐赠，也可以免征增值税。

第十三节　农业资源综合利用增值税优惠

案例 67

农村集体经济组织销售自产的以农作物秸秆为原料生产的纸浆、秸秆浆和纸,可以享受增值税即征即退 50% 的优惠政策吗?

X 单位是一家农村集体经济组织,属于增值税一般纳税人。

2022 年 12 月,X 单位从事《资源综合利用产品和劳务增值税优惠目录(2022 年版)》所列的序号为 3.9 的资源综合利用项目,以农作物秸秆为原料生产纸浆、秸秆浆和纸,其产品原料 70% 以上来自农作物秸秆,废水排放符合《制浆造纸工业水污染物排放标准》(GB 3544—2008)规定的技术要求。X 单位符合《制浆造纸行业清洁生产评价指标体系》规定的技术要求,且通过 ISO9000、ISO14000 认证。

X 单位从事上述资源综合利用项目,符合《财政部　税务总局关于完善资源综合利用增值税政策的公告》(财政部　税务总局公告 2021 年第 40 号)第三条第(二)项规定的条件。

X 单位对上述资源综合利用产品的销售额和应纳税额实行单独核算。

❓**提问** 林老师,X 单位销售自产的以农作物秸秆为原料生产的纸浆、秸秆浆和纸,可以享受增值税即征即退 50% 的优惠政策吗?

林老师解答

可以。

◆政策依据

财政部　税务总局
关于完善资源综合利用增值税政策的公告

2021 年 12 月 30 日　财政部　税务总局公告 2021 年第 40 号

三、增值税一般纳税人销售自产的资源综合利用产品和提供资源综合利用劳务(以下称销售综合利用产品和劳务),可享受增值税即征即退政策。

(一)综合利用的资源名称、综合利用产品和劳务名称、技术标准和相关条件、退税比例等按照本公告所附《资源综合利用产品和劳务增值税优惠目录(2022年版)》(以下称《目录》)的相关规定执行。

(二)纳税人从事《目录》所列的资源综合利用项目,其申请享受本公告规定的增值税即征即退政策时,应同时符合下列条件:

1.纳税人在境内收购的再生资源,应按规定从销售方取得增值税发票;适用免税政策的,应按规定从销售方取得增值税普通发票。销售方为依法依规无法申领发票的单位或者从事小额零星经营业务的自然人,应取得销售方开具的收款凭证及收购方内部凭证,或者税务机关代开的发票。本款所称小额零星经营业务是指自然人从事应税项目经营业务的销售额不超过增值税按次起征点的业务。

纳税人从境外收购的再生资源,应按规定取得海关进口增值税专用缴款书,或者从销售方取得具有发票性质的收款凭证、相关税费缴纳凭证。

纳税人应当取得上述发票或凭证而未取得的,该部分再生资源对应产品的销售收入不得适用本公告的即征即退规定。

不得适用本公告即征即退规定的销售收入=当期销售综合利用产品和劳务的销售收入×(纳税人应当取得发票或凭证而未取得的购入再生资源成本÷当期购进再生资源的全部成本)。

纳税人应当在当期销售综合利用产品和劳务销售收入中剔除不得适用即征即退政策部分的销售收入后,计算可申请的即征即退税额:

可申请退税额=[(当期销售综合利用产品和劳务的销售收入-不得适用即征即退规定的销售收入)×适用税率-当期即征即退项目的进项税额]×对应的退税比例

各级税务机关要加强发票开具相关管理工作,纳税人应按规定及时开具、取得发票。

2.纳税人应建立再生资源收购台账,留存备查。台账内容包括:再生资源供货方单位名称或个人姓名及身份证号、再生资源名称、数量、价格、结算方式、是否取得增值税发票或符合规定的凭证等。纳税人现有账册、系统能够包括上述内容的,无需单独建立台账。

3.销售综合利用产品和劳务,不属于发展改革委《产业结构调整指导目录》中的淘汰类、限制类项目。

4.销售综合利用产品和劳务,不属于生态环境部《环境保护综合名录》

中的"高污染、高环境风险"产品或重污染工艺。"高污染、高环境风险"产品,是指在《环境保护综合名录》中标注特性为"GHW/GHF"的产品,但纳税人生产销售的资源综合利用产品满足"GHW/GHF"例外条款规定的技术和条件的除外。

5.综合利用的资源,属于生态环境部《国家危险废物名录》列明的危险废物的,应当取得省级或市级生态环境部门颁发的《危险废物经营许可证》,且许可经营范围包括该危险废物的利用。

6.纳税信用级别不为C级或D级。

7.纳税人申请享受本公告规定的即征即退政策时,申请退税税款所属期前6个月(含所属期当期)不得发生下列情形:

(1)因违反生态环境保护的法律法规受到行政处罚(警告、通报批评或单次10万元以下罚款、没收违法所得、没收非法财物除外;单次10万元以下含本数,下同)。

(2)因违反税收法律法规被税务机关处罚(单次10万元以下罚款除外),或发生骗取出口退税、虚开发票的情形。

纳税人在办理退税事宜时,应向主管税务机关提供其符合本条规定的上述条件以及《目录》规定的技术标准和相关条件的书面声明,并在书面声明中如实注明未取得发票或相关凭证以及接受环保、税收处罚等情况。未提供书面声明的,税务机关不得给予退税。

......

附件

资源综合利用产品和劳务增值税优惠目录(2022版)

类别	序号	综合利用的资源名称	综合利用产品和劳务名称	技术标准和相关条件	退税比例
	......	......	......	......	......
三、再生物资	3.9	......农作物秸秆	纸浆、秸秆浆和纸	1.产品原料70%以上来自所列资源; 2.废水排放符合《制浆造纸工业水污染物排放标准》(GB 3544—2008)规定的技术要求; 3.纳税人符合《制浆造纸行业清洁生产评价指标体系》规定的技术要求; 4.纳税人必须通过ISO9000、ISO14000认证	50%
	......	......	......	......	......

划重点 消痛点

本案例中,假定 X 单位纳税信用级别为 C 级,则根据财政部 税务总局公告 2021 年第 40 号第三条第(二)项第 6 点的规定,X 单位 2022 年 12 月销售自产的以农作物秸秆为原料生产的纸浆、秸秆浆和纸,不得享受增值税即征即退 50% 的优惠政策。

案例 68

农村集体经济组织销售自产的以废弃动植物油为原料生产的工业级混合油,可以享受增值税即征即退 70% 的优惠政策吗?

Y 单位是一家农村集体经济组织,属于增值税一般纳税人。

2022 年 12 月,Y 单位从事《资源综合利用产品和劳务增值税优惠目录(2022 年版)》所列的序号为 4.3 的资源综合利用项目,以废弃动植物油为原料生产工业级混合油,其产品原料 70% 以上来自废弃动物油和植物油,所生产的工业级混合油均销售给化工企业。

Y 单位从事上述资源综合利用项目,符合《财政部 税务总局关于完善资源综合利用增值税政策的公告》(财政部 税务总局公告 2021 年第 40 号)第三条第(二)项规定的条件。

Y 单位对上述资源综合利用产品的销售额和应纳税额实行单独核算。

提问 林老师,Y 单位销售自产的以废弃动植物油为原料生产的工业级混合油,可以享受增值税即征即退 70% 的优惠政策吗?

林老师解答

可以。

◆ 政策依据

财政部 税务总局
关于完善资源综合利用增值税政策的公告

2021 年 12 月 30 日 财政部 税务总局公告 2021 年第 40 号

附件

资源综合利用产品和劳务增值税优惠目录(2022版)

类别	序号	综合利用的资源名称	综合利用产品和劳务名称	技术标准和相关条件	退税比例
四、农林剩余物及其他	……	……	……	……	……
	4.3	废弃动物油和植物油	生物柴油、工业级混合油	1.产品原料70%以上来自所列资源; 2.工业级混合油的销售对象须为化工企业	70%
	……	……	……	……	……

划重点 消痛点

本案例中,假定Y单位于2022年11月因违反税收法律法规被税务机关处罚一次,罚款为20万元,则根据财政部 税务总局公告2021年第40号第三条第(二)项第7点的规定,Y单位2022年12月销售自产的以废弃动植物油为原料生产的工业级混合油,不得享受增值税即征即退70%的优惠政策。

案例 69

农村集体经济组织销售自产的以次小薪材为原料生产的纤维板,可以享受增值税即征即退90%的优惠政策吗?

Z单位是一家农村集体经济组织,属于增值税一般纳税人。

2022年12月,Z单位从事《资源综合利用产品和劳务增值税优惠目录(2022年版)》所列的序号为4.2的资源综合利用项目,以次小薪材为原料生产纤维板,其产品原料95%以上来自次小薪材。

Z单位从事上述资源综合利用项目,符合《财政部 税务总局关于完善资源综合利用增值税政策的公告》(财政部 税务总局公告2021年第40号)第三条第(二)项规定的条件。

Z单位对上述资源综合利用产品的销售额和应纳税额实行单独核算。

❓提问 林老师,Z单位销售自产的以次小薪材为原料生产的纤维板,可以享受增值税即征即退90%的优惠政策吗?

林老师解答

可以。

◆ **政策依据**

财政部 税务总局
关于完善资源综合利用增值税政策的公告

2021 年 12 月 30 日 财政部 税务总局公告 2021 年第 40 号

附件

资源综合利用产品和劳务增值税优惠目录(2022 版)

类别	序号	综合利用的资源名称	综合利用产品和劳务名称	技术标准和相关条件	退税比例
		······	······	······	······
四、农林剩余物及其他	4.2	三剩物、次小薪材、农作物秸秆、沙柳、玉米芯	纤维板、刨花板、细木工板、生物炭、活性炭、栲胶、水解酒精、纤维素、木质素、木糖、阿拉伯糖、糠醛、箱板纸	产品原料 95% 以上来自所列资源	90%
		······	······	······	······

划重点 消痛点

本案例中,假定 Z 单位从事的资源综合利用项目,属于发展改革委《产业结构调整指导目录》中的限制类项目,则根据财政部 税务总局公告 2021 年第 40 号第三条第(二)项第 3 点的规定,Z 单位销售资源综合利用产品,不得享受增值税即征即退优惠政策。

案例 70

农村集体经济组织销售自产的以畜禽粪污为原料生产的生物质压块,可以享受增值税即征即退 100% 的优惠政策吗?

A 单位是一家农村集体经济组织,属于增值税一般纳税人。

2022 年 12 月,A 单位从事《资源综合利用产品和劳务增值税优惠目录(2022 年版)》所列的序号为 4.1 的资源综合利用项目,以畜禽粪污为原料生产生物质压块,其产品原料 80% 以上来自畜禽粪污。A 单位符合《锅炉大气污染物排放标准》(GB 13271—2014)、《火电厂大气污染物排放标准》(GB 13223—2011)或《生活垃圾焚烧污染控制标准》(GB 18485—2014)规定的技术要求。

A 单位从事上述资源综合利用项目,符合《财政部 税务总局关于完善资源综合利用增值税政策的公告》(财政部 税务总局公告 2021 年第 40 号)第三条第(二)项规定的条件。

A 单位对上述资源综合利用产品的销售额和应纳税额实行单独核算。

❓提问 林老师,A 单位销售自产的以畜禽粪污为原料生产的生物质压块,可以享受增值税即征即退 100% 的优惠政策吗?

林老师解答

可以。

◆政策依据

财政部 税务总局
关于完善资源综合利用增值税政策的公告

2021 年 12 月 30 日　财政部 税务总局公告 2021 年第 40 号

附件

资源综合利用产品和劳务增值税优惠目录（2022版）

类别	序号	综合利用的 资源名称	综合利用产品和 劳务名称	技术标准和 相关条件	退税 比例
四、农林剩余物及其他	……	……	……	……	……
	4.1	厨余垃圾、畜禽粪污、稻壳、花生壳、玉米芯、油茶壳、棉籽壳、三剩物、次小薪材、农作物秸秆、蔗渣，以及利用上述资源发酵产生的沼气	生物质压块、生物质破碎料、生物天然气、热解燃气、沼气、生物油、电力、热力	1.产品原料或者燃料80%以上来自所列资源； 2.纳税人符合《锅炉大气污染物排放标准》（GB 13271—2014）、《火电厂大气污染物排放标准》（GB 13223—2011）或《生活垃圾焚烧污染控制标准》（GB 18485—2014）规定的技术要求	100%
	……	……	……	……	……

划重点 消痛点

本案例中，假定 A 单位于 2022 年 11 月因违反生态环境保护的法律法规受到行政处罚一次，罚款为 30 万元，则根据财政部 税务总局公告 2021 年第 40 号第三条第（二）项第 7 点的规定，A 单位 2022 年 12 月销售自产的以畜禽粪污为原料生产的生物质压块，不得享受增值税即征即退 100% 的优惠政策。

第九章
支持乡村振兴企业所得税优惠

第一节　农、林、牧、渔业项目所得企业所得税优惠

案例 71

农村集体经济组织取得小麦初加工所得,可以免征企业所得税吗?

A 单位是一家农村集体经济组织,主要从事粮食初加工业务,未从事国家限制和禁止发展的项目。

2022 年 1 月,A 单位从事符合享受《企业所得税优惠政策的农产品初加工范围(试行)》第一条第(一)项第 1 点规定的小麦初加工项目,该项目不属于《产业结构调整指导目录(2011 年版)》(国家发展和改革委员会令第 9 号)中限制和淘汰类的项目。

A 单位对其小麦初加工项目单独计算所得,并合理分摊期间费用。

？提问 林老师,A 单位取得小麦初加工所得,可以免征企业所得税吗?

林老师解答

可以。

◆政策依据

中华人民共和国企业所得税法

2018 年 12 月 29 日　中华人民共和国主席令第二十三号修正

第二十七条　企业的下列所得,可以免征、减征企业所得税:

(一)从事农、林、牧、渔业项目的所得

中华人民共和国企业所得税法实施条例

2019 年 4 月 23 日　中华人民共和国国务院令第 714 号修订

第八十六条　企业所得税法第二十七条第(一)项规定的企业从事农、林、牧、渔业项目的所得,可以免征、减征企业所得税,是指:

(一)企业从事下列项目的所得,免征企业所得税:

……

7.……农产品初加工……等农、林、牧、渔服务业项目;

……

企业从事国家限制和禁止发展的项目,不得享受本条规定的企业所得税优惠。

第一百零二条　企业同时从事适用不同企业所得税待遇的项目的,其优惠项目应当单独计算所得,并合理分摊企业的期间费用;没有单独计算的,不得享受企业所得税优惠。

财政部 国家税务总局
关于发布享受企业所得税优惠政策的农产品初加工范围(试行)的通知

2008 年 11 月 20 日　财税〔2008〕149 号

附件

享受企业所得税优惠政策的农产品初加工范围(试行)(2008 年版)

一、种植业类

(一)粮食初加工

1.小麦初加工。通过对小麦进行清理、配麦、磨粉、筛理、分级、包装等简单加工处理,制成的小麦面粉及各种专用粉。

财政部 国家税务总局
关于享受企业所得税优惠的农产品初加工有关范围的补充通知

2011 年 5 月 11 日　财税〔2011〕26 号

一、种植业类

（一）粮食初加工。

1.小麦初加工。

《范围》规定的小麦初加工产品还包括麸皮、麦糠、麦仁。

……

三、本通知自 2010 年 1 月 1 日起执行。

国家税务总局
关于实施农、林、牧、渔业项目企业所得税优惠问题的公告

2011 年 9 月 13 日　国家税务总局公告 2011 年第 48 号

一、企业从事实施条例第八十六条规定的享受税收优惠的农、林、牧、渔业项目，除另有规定外，参照《国民经济行业分类》(GB/T4754－2002)的规定标准执行。

企业从事农、林、牧、渔业项目，凡属于《产业结构调整指导目录（2011 年版）》(国家发展和改革委员会令第 9 号)中限制和淘汰类的项目，不得享受实施条例第八十六条规定的优惠政策。

……

八、企业同时从事适用不同企业所得税政策规定项目的，应分别核算，单独计算优惠项目的计税依据及优惠数额；分别核算不清的，可由主管税务机关按照比例分摊法或其他合理方法进行核定。

……

十一、除本公告第五条第二项的特别规定外，公告自 2011 年 1 月 1 日起执行。

划重点　消痛点

根据《中华人民共和国企业所得税法实施条例》第八十六条第（一）项的

规定,所得可免征企业所得税的农、林、牧、渔业项目,除本案例中的农产品初加工外,还包括以下项目:

1.蔬菜、谷物、薯类、油料、豆类、棉花、麻类、糖料、水果、坚果的种植;

2.农作物新品种的选育;

3.中药材的种植;

4.林木的培育和种植;

5.牲畜、家禽的饲养;

6.林产品的采集;

7.灌溉、兽医、农技推广、农机作业和维修等农、林、牧、渔服务业项目;

8.远洋捕捞。

知识链接

享受企业所得税优惠政策的农产品初加工范围(试行)

根据财税〔2008〕149号、财税〔2011〕26号文件的规定,享受企业所得税优惠政策的农产品初加工范围(试行)(以下简称《范围》)如下:

一、种植业类

(一)粮食初加工

1.小麦初加工。通过对小麦进行清理、配麦、磨粉、筛理、分级、包装等简单加工处理,制成的小麦面粉及各种专用粉。

《范围》规定的小麦初加工产品还包括麸皮、麦糠、麦仁。

2.稻米初加工。通过对稻谷进行清理、脱壳、碾米(或不碾米)、烘干、分级、包装等简单加工处理,制成的成品粮及其初制品,具体包括大米、蒸谷米。

《范围》规定的稻米初加工产品还包括稻糠(砻糠、米糠和统糠)。

3.玉米初加工。通过对玉米籽粒进行清理、浸泡、粉碎、分离、脱水、干燥、分级、包装等简单加工处理,生产的玉米粉、玉米碴、玉米片等;鲜嫩玉米经筛选、脱皮、洗涤、速冻、分级、包装等简单加工处理,生产的鲜食玉米(速冻粘玉米、甜玉米、花色玉米、玉米籽粒)。

4.薯类初加工。通过对马铃薯、甘薯等薯类进行清洗、去皮、磋磨、切制、干燥、冷冻、分级、包装等简单加工处理,制成薯类初级制品。具体包括:薯粉、薯片、薯条。

《范围》规定的薯类初加工产品还包括变性淀粉以外的薯类淀粉。

薯类淀粉生产企业需达到国家环保标准,且年产量在一万吨以上。

5.食用豆类初加工。通过对大豆、绿豆、红小豆等食用豆类进行清理去杂、浸洗、晾晒、分级、包装等简单加工处理,制成的豆面粉、黄豆芽、绿豆芽。

6.其他类粮食初加工。通过对燕麦、荞麦、高粱、谷子等杂粮进行清理去杂、脱壳、烘干、磨粉、轧片、冷却、包装等简单加工处理,制成的燕麦米、燕麦粉、燕麦麸皮、燕麦片、荞麦米、荞麦面、小米、小米面、高粱米、高粱面。

《范围》规定的杂粮还包括大麦、糯米、青稞、芝麻、核桃;相应的初加工产品还包括大麦芽、糯米粉、青稞粉、芝麻粉、核桃粉。

(二)林木产品初加工

通过将伐倒的乔木、竹(含活立木、竹)去枝、去梢、去皮、去叶、锯段等简单加工处理,制成的原木、原竹、锯材。

(三)园艺植物初加工

1.蔬菜初加工

(1)将新鲜蔬菜通过清洗、挑选、切割、预冷、分级、包装等简单加工处理,制成净菜、切割蔬菜。

(2)利用冷藏设施,将新鲜蔬菜通过低温贮藏,以备淡季供应的速冻蔬菜,如速冻茄果类、叶类、豆类、瓜类、葱蒜类、柿子椒、蒜苔。

(3)将植物的根、茎、叶、花、果、种子和食用菌通过干制等简单加工处理,制成的初制干菜,如黄花菜、玉兰片、萝卜干、冬菜、梅干菜、木耳、香菇、平菇。

以蔬菜为原料制作的各类蔬菜罐头(罐头是指以金属罐、玻璃瓶、经排气密封的各种食品。下同)及碾磨后的园艺植物(如胡椒粉、花椒粉等)不属于初加工范围。

2.水果初加工。通过对新鲜水果(含各类山野果)清洗、脱壳、切块(片)、分类、储藏保鲜、速冻、干燥、分级、包装等简单加工处理,制成的各类水果、果干、原浆果汁、果仁、坚果。

《范围》规定的新鲜水果包括番茄。

3.花卉及观赏植物初加工。通过对观赏用、绿化及其它各种用途的花卉及植物进行保鲜、储藏、烘干、分级、包装等简单加工处理,制成的各类鲜、干花。

(四)油料植物初加工

通过对菜籽、花生、大豆、葵花籽、蓖麻籽、芝麻、胡麻籽、茶子、桐子、棉籽、红花籽及米糠等粮食的副产品等,进行清理、热炒、磨坯、榨油(搅油、墩油)、浸出等简单加工处理,制成的植物毛油和饼粕等副产品。具体包括:菜籽油、花生油、豆油、葵花油、蓖麻籽油、芝麻油、胡麻籽油、茶子油、桐子油、棉籽油、红花油、米糠油以及油料饼粕、豆饼、棉籽饼。

《范围》规定的粮食副产品还包括玉米胚芽、小麦胚芽。

精炼植物油不属于初加工范围。

（五）糖料植物初加工

通过对各种糖料植物,如甘蔗、甜菜、甜菊等,进行清洗、切割、压榨等简单加工处理,制成的制糖初级原料产品。

《范围》规定的甜菊又名甜叶菊。

（六）茶叶初加工

通过对茶树上采摘下来的鲜叶和嫩芽进行杀青（萎凋、摇青）、揉捻、发酵、烘干、分级、包装等简单加工处理,制成的初制毛茶。

精制茶、边销茶、紧压茶和掺兑各种药物的茶及茶饮料不属于初加工范围。

（七）药用植物初加工

通过对各种药用植物的根、茎、皮、叶、花、果实、种子等,进行挑选、整理、捆扎、清洗、凉晒、切碎、蒸煮、炒制等简单加工处理,制成的片、丝、块、段等中药材。

加工的各类中成药不属于初加工范围。

（八）纤维植物初加工

1.棉花初加工。通过轧花、剥绒等脱绒工序简单加工处理,制成的皮棉、短绒、棉籽。

2.麻类初加工。通过对各种麻类作物（大麻、黄麻、槿麻、苎麻、苘麻、亚麻、罗布麻、蕉麻、剑麻等）进行脱胶、抽丝等简单加工处理,制成的干（洗）麻、纱条、丝、绳。

《范围》规定的麻类作物还包括芦苇。

3.蚕茧初加工。通过烘干、杀蛹、缫丝、煮剥、拉丝等简单加工处理,制成的蚕、蛹、生丝、丝棉。

《范围》规定的蚕包括蚕茧,生丝包括厂丝。

（九）热带、南亚热带作物初加工

通过对热带、南亚热带作物去除杂质、脱水、干燥、分级、包装等简单加工处理,制成的工业初级原料。具体包括:天然橡胶生胶和天然浓缩胶乳、生咖啡豆、胡椒籽、肉桂油、桉油、香茅油、木薯淀粉、木薯干片、坚果。

二、畜牧业类

（一）畜禽类初加工

1.肉类初加工。通过对畜禽类动物（包括各类牲畜、家禽和人工驯养、繁殖的野生动物以及其他经济动物）宰杀、去头、去蹄、去皮、去内脏、分割、切块或切片、冷藏或冷冻、分级、包装等简单加工处理，制成的分割肉、保鲜肉、冷藏肉、冷冻肉、绞肉、肉块、肉片、肉丁。

《范围》规定的肉类初加工产品还包括火腿等风干肉、猪牛羊杂骨。

2.蛋类初加工。通过对鲜蛋进行清洗、干燥、分级、包装、冷藏等简单加工处理，制成的各种分级、包装的鲜蛋、冷藏蛋。

3.奶类初加工。通过对鲜奶进行净化、均质、杀菌或灭菌、灌装等简单加工处理，制成的巴氏杀菌奶、超高温灭菌奶。

4.皮类初加工。通过对畜禽类动物皮张剥取、浸泡、刮里、晾干或熏干等简单加工处理，制成的生皮、生皮张。

5.毛类初加工。通过对畜禽类动物毛、绒或羽绒分级、去杂、清洗等简单加工处理，制成的洗净毛、洗净绒或羽绒。

6.蜂产品初加工。通过去杂、过滤、浓缩、熔化、磨碎、冷冻简单加工处理，制成的蜂蜜、蜂蜡、蜂胶、蜂花粉。

肉类罐头、肉类熟制品、蛋类罐头、各类酸奶、奶酪、奶油、王浆粉、各种蜂产品口服液、胶囊不属于初加工范围。

（二）饲料类初加工

1.植物类饲料初加工。通过碾磨、破碎、压榨、干燥、酿制、发酵等简单加工处理，制成的糠麸、饼粕、糟渣、树叶粉。

2.动物类饲料初加工。通过破碎、烘干、制粉等简单加工处理，制成的鱼粉、虾粉、骨粉、肉粉、血粉、羽毛粉、乳清粉。

3.添加剂类初加工。通过粉碎、发酵、干燥等简单加工处理，制成的矿石粉、饲用酵母。

（三）牧草类初加工

通过对牧草、牧草种籽、农作物秸秆等，进行收割、打捆、粉碎、压块、成粒、分选、青贮、氨化、微化等简单加工处理，制成的干草、草捆、草粉、草块或草饼、草颗粒、牧草种籽以及草皮、秸秆粉（块、粒）。

三、渔业类

（一）水生动物初加工

将水产动物(鱼、虾、蟹、鳖、贝、棘皮类、软体类、腔肠类、两栖类、海兽类动物等)整体或去头、去鳞(皮、壳)、去内脏、去骨(刺)、擂溃或切块、切片,经冰鲜、冷冻、冷藏等保鲜防腐处理、包装等简单加工处理,制成的水产动物初制品。

熟制的水产品和各类水产品的罐头以及调味烤制的水产食品不属于初加工范围。

(二)水生植物初加工

将水生植物(海带、裙带菜、紫菜、龙须菜、麒麟菜、江篱、浒苔、羊栖菜、莼菜等)整体或去根、去边梢、切段,经热烫、冷冻、冷藏等保鲜防腐处理、包装等简单加工处理的初制品,以及整体或去根、去边梢、切段、经晾晒、干燥(脱水)、包装、粉碎等简单加工处理的初制品。

罐装(包括软罐)产品不属于初加工范围。

案例 72

农村集体经济组织取得鲍鱼养殖所得,
可以减半征收企业所得税吗?

B单位是一家农村集体经济组织,主要从事水产养殖业务,未从事国家限制和禁止发展的项目。

2022 年 1 月,B 单位从事鲍鱼养殖项目,该项目不属于《产业结构调整指导目录(2011 年版)》(国家发展和改革委员会令第 9 号)中限制和淘汰类的项目。

B单位对其鲍鱼养殖项目单独计算所得,并合理分摊期间费用。

❓提问 林老师,B单位取得鲍鱼养殖所得,可以减半征收企业所得税吗?

林老师解答

可以。

◆ **政策依据**

中华人民共和国企业所得税法实施条例

2019 年 4 月 23 日　中华人民共和国国务院令第 714 号修订

第八十六条　企业所得税法第二十七条第（一）项规定的企业从事农、林、牧、渔业项目的所得,可以免征、减征企业所得税,是指:

……

（二）企业从事下列项目的所得,减半征收企业所得税:

……

2.海水养殖、内陆养殖。

国家税务总局
关于实施农、林、牧、渔业项目企业所得税优惠问题的公告

2011 年 9 月 13 日　国家税务总局公告 2011 年第 48 号

四、企业从事下列项目所得的税务处理

……

（四）"牲畜、家禽的饲养"以外的生物养殖项目,按"海水养殖、内陆养殖"项目处理。

五、农产品初加工相关事项的税务处理

……

（三）企业从事实施条例第八十六条第（二）项适用企业所得税减半优惠的种植、养殖项目,并直接进行初加工且符合农产品初加工目录范围的,企业应合理划分不同项目的各项成本、费用支出,分别核算种植、养殖项目和初加工项目的所得,并各按适用的政策享受税收优惠。

划重点　消痛点

根据《中华人民共和国企业所得税法实施条例》第八十六条第（二）项的规定,所得可减半征收企业所得税的农、林、牧、渔业项目,除本案例中的海水养殖、内陆养殖外,还包括花卉、茶以及其他饮料作物和香料作物的种植。

案例 73

"公司十农户"经营模式从事牲畜、家禽的饲养，可以免征企业所得税吗？

C公司是一家牲畜、家禽饲养企业，未从事国家限制和禁止发展的项目。

2022年1月，C公司与农户签订委托养殖合同，向农户提供兔苗、饲料、兽药及疫苗等（所有权〈产权〉仍属于C公司），农户将兔苗养大成为兔成品后交付C公司回收。

C公司从事的饲养项目不属于《产业结构调整指导目录（2011年版）》（国家发展和改革委员会令第9号）中限制和淘汰类的项目。

C公司对其牲畜、家禽饲养项目单独计算所得，并合理分摊期间费用。

❓ **提问** 林老师，C公司通过"公司十农户"经营模式取得兔的饲养所得，可以免征企业所得税吗？

林老师解答

可以。

◆政策依据

中华人民共和国企业所得税法实施条例

2019年4月23日　中华人民共和国国务院令第714号修订

第八十六条　企业所得税法第二十七条第（一）项规定的企业从事农、林、牧、渔业项目的所得，可以免征、减征企业所得税，是指：

（一）企业从事下列项目的所得，免征企业所得税：

……

5.牲畜、家禽的饲养；

国家税务总局
关于"公司十农户"经营模式企业所得税优惠问题的公告

2010年7月9日　国家税务总局公告2010年第2号

目前，一些企业采取"公司十农户"经营模式从事牲畜、家禽的饲养，即公司与农户签订委托养殖合同,向农户提供畜禽苗、饲料、兽药及疫苗等(所有权〈产权〉仍属于公司),农户将畜禽养大成为成品后交付公司回收。

鉴于采取"公司+农户"经营模式的企业,虽不直接从事畜禽的养殖,但系委托农户饲养,并承担诸如市场、管理、采购、销售等经营职责及绝大部分经营管理风险,公司和农户是劳务外包关系。

为此,对此类以"公司+农户"经营模式从事农、林、牧、渔业项目生产的企业,可以按照《中华人民共和国企业所得税法实施条例》第八十六条的有关规定,享受减免企业所得税优惠政策。

本公告自 2010 年 1 月 1 日起施行。

国家税务总局
关于实施农、林、牧、渔业项目企业所得税优惠问题的公告

2011 年 9 月 13 日 国家税务总局公告 2011 年第 48 号

四、企业从事下列项目所得的税务处理

(一)猪、兔的饲养,按"牲畜、家禽的饲养"项目处理;

划重点 消痛点

根据国家税务总局公告 2011 年第 48 号第四条第(二)项的规定,企业饲养牲畜、家禽产生的分泌物、排泄物,在申报缴纳企业所得税时,按"牲畜、家禽的饲养"项目处理。

第二节　农村环境保护、节能节水项目所得企业所得税优惠

案例 74

企业取得农村污水处理项目所得，可以享受企业所得税优惠政策吗？

D 公司是一家污水处理企业，未从事国家限制和禁止发展的项目。

2022 年 8 月，D 公司从事农村生活污水处理项目，污染物排放达到国家或地方规定的要求，该项目于 2022 年 9 月通过相关验收。

2022 年 10 月，D 公司的农村污水处理项目取得第一笔生产经营收入。

D 公司对其农村生活污水处理项目单独计算所得，并合理分摊期间费用。

❓提问　林老师，D 公司取得农村污水处理项目所得，可以享受企业所得税优惠政策吗？

林老师解答

可以。

D 公司从事农村污水处理项目，自项目取得第一笔生产经营收入所属纳税年度即 2022 年起，第一年至第三年即 2022 年至 2024 年免征企业所得税，第四年至第六年即 2025 年至 2027 年减半征收企业所得税。

◆政策依据

中华人民共和国企业所得税法

2018 年 12 月 29 日　中华人民共和国主席令第二十三号修正

第二十七条　企业的下列所得，可以免征、减征企业所得税：

……

（三）从事符合条件的环境保护、节能节水项目的所得；

中华人民共和国企业所得税法实施条例

2019 年 4 月 23 日　中华人民共和国国务院令第 714 号修订

第八十八条　企业所得税法第二十七条第(三)项所称符合条件的环境保护、节能节水项目,包括公共污水处理……等。项目的具体条件和范围由国务院财政、税务主管部门商国务院有关部门制订,报国务院批准后公布施行。

企业从事前款规定的符合条件的环境保护、节能节水项目的所得,自项目取得第一笔生产经营收入所属纳税年度起,第一年至第三年免征企业所得税,第四年至第六年减半征收企业所得税。

财政部 国家税务总局 国家发展改革委 生态环境部
关于公布《环境保护、节能节水项目企业所得税优惠目录(2021 年版)》
以及《资源综合利用企业所得税优惠目录(2021 年版)》的公告

2021 年 12 月 16 日　财政部 税务总局 发展改革委
生态环境部公告 2021 年第 36 号

一、《环境保护、节能节水项目企业所得税优惠目录(2021 年版)》……自 2021 年 1 月 1 日起施行。

环境保护、节能节水项目企业所得税优惠目录(2021 年版)

类别	项目		条件
一、环境污染防治	……	……	……
		……	……
		……	……
	公共污水处理	……	……
		……	……
		农村污水处理项目	1. 包括农村生活污水处理及资源化利用项目、畜禽养殖废水处理及资源化利用项目、农村黑臭水体治理项目。 2. 污染物排放达到国家或地方规定的要求,项目通过相关验收
		……	……
		……	……
	……	……	……

划重点 消痛点

根据《中华人民共和国企业所得税法实施条例》第八十八条的规定,可以免征、减征企业所得税的环境保护、节能节水项目,除本案例中的公共污水处理外,还包括公共垃圾处理、沼气综合开发利用、节能减排技术改造、海水淡化等。

案例 75

企业取得生活垃圾分类和无害化处理处置项目所得, 可以享受企业所得税优惠政策吗?

E 公司是一家生活垃圾分类和无害化处理处置企业,未从事国家限制和禁止发展的项目。

2022 年 8 月,E 公司从事农村生活垃圾(含厨余垃圾)减量化、资源化、无害化处理项目,对生活垃圾进行分类收集、贮存、运输、处理、处置(不包括对原生生活垃圾进行填埋处理)。

该项目于 2022 年 9 月通过相关验收,污染物排放指标达到国家规定的要求。

2022 年 10 月,E 公司取得生活垃圾分类和无害化处理处置项目的第一笔生产经营收入。

E 公司对其生活垃圾分类和无害化处理处置项目单独计算所得,并合理分摊期间费用。

提问 林老师,E 公司取得生活垃圾分类和无害化处理处置项目所得,可以享受企业所得税优惠政策吗?

林老师解答

可以。

E 公司从事生活垃圾分类和无害化处理处置项目,自项目取得第一笔生产经营收入所属纳税年度即 2022 年起,第一年至第三年即 2022 年至

2024 年免征企业所得税,第四年至第六年即 2025 年至 2027 年减半征收企业所得税。

◆政策依据

财政部 国家税务总局 国家发展改革委 生态环境部
关于公布《环境保护、节能节水项目企业所得税优惠目录(2021 年版)》
以及《资源综合利用企业所得税优惠目录(2021 年版)》的公告

2021 年 12 月 16 日　财政部 税务总局 发展改革委
生态环境部公告 2021 年第 36 号

《环境保护、节能节水项目企业所得税优惠目录(2021 年版)》

类别		项目	条件
一、环境污染防治		......	......
		......	......
		......	......
	公共污水处理	......	......
		......	......
		生活垃圾分类和无害化处理处置项目	1. 对城镇和农村生活垃圾(含厨余垃圾)进行减量化、资源化、无害化处理的项目,涉及生活垃圾分类收集、贮存、运输、处理、处置项目。(对原生生活垃圾进行填埋处理的除外) 2. 项目通过相关验收,涉及污染物排放的,指标应达到国家或地方规定的排放要求
		......	......
		......	......
	......		......

划重点　消痛点

　　根据《环境保护、节能节水项目企业所得税优惠目录(2021 年版)》的规定,公共垃圾处理项目,除本案例中的生活垃圾分类和无害化处理处置项目外,还包括工业固体废物利用处置项目、危险废物利用处置项目。

案例 76

企业取得畜禽养殖场和养殖小区沼气工程项目所得，可以享受企业所得税优惠政策吗？

F 公司是一家沼气工程企业，未从事国家限制和禁止发展的项目。

2022 年 8 月，F 公司从事畜禽养殖场和养殖小区沼气工程项目，该项目符合以下条件：

1. 单体装置容积不小于 300 立方米，年平均日产沼气量不低于 300 立方米/天，且符合国家有关沼气工程技术规范；

2. 废水排放、废渣处置、沼气利用符合国家和地方有关标准，不产生二次污染；

3. 项目包括完整的发酵原料的预处理设施、沼渣和沼液的综合利用或进一步处理系统，沼气净化、储存、输配和利用系统；

4. 项目设计、施工和运行管理人员具备国家相应职业资格；

5. 项目已按照国家法律法规要求通过相关验收。

2022 年 10 月，F 公司取得畜禽养殖场和养殖小区沼气工程项目的第一笔生产经营收入。

F 公司对其畜禽养殖场和养殖小区沼气工程项目单独计算所得，并合理分摊期间费用。

❓提问 林老师，F 公司取得畜禽养殖场和养殖小区沼气工程项目所得，可以享受企业所得税优惠政策吗？

📏林老师解答

可以。

F 公司从事畜禽养殖场和养殖小区沼气工程项目，自项目取得第一笔生产经营收入所属纳税年度即 2022 年起，第一年至第三年即 2022 年至 2024 年免征企业所得税，第四年至第六年即 2025 年至 2027 年减半征收企业所得税。

◆政策依据

财政部 国家税务总局 国家发展改革委 生态环境部
关于公布《环境保护、节能节水项目企业所得税优惠目录(2021年版)》以及
《资源综合利用企业所得税优惠目录(2021年版)》的公告

2021年12月16日　财政部 税务总局 发展改革委
生态环境部公告2021年第36号

《环境保护、节能节水项目企业所得税优惠目录(2021年版)》

类别		项目	条件
一、环境污染防治		……	……
		……	……
		……	……
		……	……
		……	……
	沼气综合开发利用	畜禽养殖场和养殖小区沼气工程项目	1. 单体装置容积不小于300立方米,年平均日产沼气量不低于300立方米/天,且符合国家有关沼气工程技术规范的项目。 2. 废水排放、废渣处置、沼气利用符合国家和地方有关标准,不产生二次污染。 3. 项目包括完整的发酵原料的预处理设施、沼渣和沼液的综合利用或进一步处理系统,沼气净化、储存、输配和利用系统。 4. 项目设计、施工和运行管理人员具备国家相应职业资格。 5. 项目按照国家法律法规要求,通过相关验收

划重点　消痛点

　　本案例中,假定F公司2022年至2027年平均日产沼气量均低于300立方米/天,则根据《环境保护、节能节水项目企业所得税优惠目录(2021年版)》的规定,F公司无法享受企业所得税"三免三减半"的优惠政策。

知识链接

环境保护、节能节水项目企业所得税优惠目录

　　根据财政部 税务总局 发展改革委 生态环境部公告2021年第36号的规定,环境保护、节能节水项目企业所得税优惠目录如下表:

环境保护、节能节水项目企业所得税优惠目录(2021年版)

类别	项目	条件
一、环境污染防治	大气污染防治 脱硫脱硝除尘排放治理及改造项目	1. 包括电力、钢铁等行业烟气超低排放改造项目;建材、焦化、石化、化工、有色等行业烟气治理项目(含重金属等有毒有害大气污染物治理项目);颗粒物无组织排放收集治理项目。 2. 电力、钢铁等行业烟气超低排放改造项目符合超低排放改造要求或地方大气污染物排放标准要求;水泥、焦化、石化、化工、有色等行业烟气治理项目(含重金属等有毒有害大气污染物治理项目)烟气排放达到国家或地方规定的排放要求;颗粒物无组织排放收集治理项目烟气排放达到国家或地方规定的排放要求。以上项目通过相关验收
	有机废气收集净化项目	1. 包括石化、有机化工、表面涂装、包装印刷等行业有机废气排放收集装置改造及净化项目。(单一采用低温等离子、光催化、光氧化以及不具备"点对点"集中回收再生条件的活性炭一次性吸附工艺的项目除外) 2. 有机废气排放达到国家或地方规定的要求,项目通过相关验收
	恶臭气体治理项目	1. 各类企业恶臭治理项目。 2. 恶臭排放达到《恶臭污染物排放标准》规定要求,项目通过相关验收
	公共污水处理 城镇污水处理项目	1. 城镇污水处理设施、配套管网的新建、扩建、提标改造项目。 2. 排放连续稳定达到国家或地方规定的排放标准要求,项目通过相关验收。配套管网应建立专业化运行维护机制
	工业废水处理项目	1. 工业企业、工业园区废水治理项目、配套管网的新建、扩建、提标改造项目。 2. 污染物排放达到国家或地方规定的要求,项目通过相关验收。配套管网应建立专业化运行维护机制
	农村污水处理项目	1. 包括农村生活污水处理及资源化利用项目、畜禽养殖废水处理及资源化利用项目、农村黑臭水体治理项目。 2. 污染物排放达到国家或地方规定的要求,项目通过相关验收
	污泥处理处置及资源化利用项目	1. 包括污泥稳定化、无害化和资源化处理处置利用项目。 2. 项目符合国家或地方相关规定,通过相关验收。污泥得到安全处理处置,处理处置后的污泥符合国家有关标准
	水体修复与治理项目	1. 包括河流、湖泊、海域、黑臭水体、饮用水源地等的修复与治理项目。 2. 项目符合国家相关水体修复与治理要求,并通过相关验收

续表

类别	项目		条件
一、环境污染防治	土壤与地下水污染治理	土壤与地下水污染修复项目	1. 包括土壤治理与修复项目、地下水污染修复项目。 2. 项目满足国家或地方相关要求，并通过评审或备案
	公共垃圾处理	生活垃圾分类和无害化处理处置项目	1. 对城镇和农村生活垃圾（含厨余垃圾）进行减量化、资源化、无害化处理的项目，涉及生活垃圾分类收集、贮存、运输、处理、处置项目。（对原生生活垃圾进行填埋处理的除外） 2. 项目通过相关验收，涉及污染物排放的，指标应达到国家或地方规定的排放要求
		工业固体废物利用处置项目	1. 对工业固体废物（含建筑垃圾）减量化、资源化、无害化处理的项目，涉及收集、贮存、运输、利用、处置等环节。（直接进行贮存、填埋处置的除外） 2. 项目通过相关验收，涉及污染物排放的，指标应达到国家或地方规定的排放要求
		危险废物利用处置项目	1. 对危险废物（含医疗废物）减量化、资源化、无害化处理的项目，涉及收集、贮存、运输、利用、处置等环节。（直接进行贮存、填埋处置的除外） 2. 项目应取得危险废物经营许可证，并通过相关验收，涉及污染物排放的，指标应达到国家或地方规定的排放要求
	沼气综合开发利用	畜禽养殖场和养殖小区沼气工程项目	1. 单体装置容积不小于 300 立方米，年平均日产沼气量不低于 300 方米/天，且符合国家有关沼气工程技术规范的项目。 2. 废水排放、废渣处置、沼气利用符合国家和地方有关标准，不产生二次污染。 3. 项目包括完整的发酵原料的预处理设施、沼渣和沼液的综合利用或进一步处理系统，沼气净化、储存、输配和利用系统。 4. 项目设计、施工和运行管理人员具备国家相应职业资格。 5. 项目按照国家法律法规要求，通过相关验收
		生态环境监测项目	1. 包括国家、省、市、县级生态环境监测项目。 2. 项目符合国家或地方相关规定，通过相关验收，无弄虚作假行为

续表

类别	项目	条件
二、节能减排技术改造	既有建筑节能与可再生能源利用项目	1. 对既有建筑实施节能与可再生能源利用改造。 2. 项目应符合《既有居住建筑节能改造技术规程》《公共建筑节能改造技术规范》《建筑节能与可再生能源利用通用规范》等国家标准要求
	热泵技术改造项目	1. 包括地源、水源、空气源等热泵技术改造项目。 2. 采用的技术及设备应符合《浅层地热能利用通用技术要求》等国家标准要求,达到《水(地)源热泵机组能效限定值及能效等级》、《低环境温度空气源热泵(冷水)机组能效限定值及能效等级》等国家标准能效等级二级以上,项目通过相关验收
	工业锅炉、工业窑炉节能改造项目	1. 年节能量折算后不小于1000吨标准煤。 2. 节能量评估方法应符合《节能量测量和验证技术通则》、《节能量测量和验证技术要求 工业锅炉系统》、《节能量测量和验证技术要求 板坯加热炉系统》等国家标准要求
	数据中心节能改造项目	1. 对数据中心实施节能改造。 2. 改造后数据中心电能利用效率不高于1.3
	通信基站节能改造项目	1. 对通信基站进行节能改造。 2. 改造后通信基站单载频运行能耗降低8%以上
	电机系统节能改造项目	1. 对电机系统实施节能改造。 2. 项目应符合《电机系统(风机、泵、空气压缩机)优化设计指南》等国家标准要求
	能量系统优化技术改造项目	1. 年节能量折算后不小于1000吨标准煤。 2. 项目应建立完善的能源管理信息系统,节能量评估方法符合《节能量测量和验证技术通则》等国家标准要求
	余热余压利用项目	1. 包括利用余热、余压等生产电力或热力的节能改造项目。 2. 生产电力、热力的原料100%来源于余热、余压。项目符合国家或地方相关规定,通过相关验收
	高效精馏设备和系统改造项目	1. 对填料塔高效精馏设备和系统实施节能改造。 2. 改造后应符合以下技术参数:(1)"塔压降":10～40Pa/米;(2)传质效率:3～4理论板/米;(3)热效率≥20%

续表

类别	项目	条件
二、节能减排技术改造	绿色照明项目	1. 采用高效照明产品、高效照明控制系统等对各类建筑及公共场所实施照明节能改造。 2. 项目应符合《LED 城市道路照明应用技术要求》《隧道照明用 LED 灯具性能要求》等国家标准要求
	供热系统节能改造项目	1. 包括供暖、供热水、供蒸汽等供热系统节能改造项目。 2. 项目应符合《供热系统节能改造技术规范》等国家标准要求
	碳捕集、利用与封存（CCUS）项目	1. 在各领域实施碳捕集、利用与封存。 2. 项目二氧化碳封存量不低于 10 万吨/年,符合国家或地方相关规定
三、节水改造及非常规水利用	海水淡化项目	1. 用作工业、生活用水及海岛军民饮用水的海水淡化项目。工业、生活用水项目规模不低于淡水产量 10000 吨/日;海岛军民饮用水项目规模不低于淡水产量 1000 吨/日(热法海水淡化项目的能耗消耗指标为吨水耗电量小于 1.8 千瓦·时/吨、造水比大于 8;膜法海水淡化项目的能耗指标为吨水耗电量小于 4.0 千瓦·时/吨)。 2. 海水直接利用项目。海水循环冷却规模不小于 1 万吨/小时、海水浓缩倍数不小于 1.6 倍、水处理剂使用无磷环境友好型产品。 3. 海水淡化核心技术装备产业化项目。适用于海水淡化反渗透膜组件、高压泵和能量回收装置等技术装备生产项目
	污水资源化利用项目	1. 污水资源化利用项目。企业利用污水无害化处理后的再生水量应不低于 15 万立方米/年。 2. 区域再生水循环利用项目。项目生产的再生水应连续稳定达到《城市污水再生利用》系列国家标准、《再生水水质标准》或相关用途的再生水水质标准,并通过相关验收
	城镇和工业公共供水管网改造项目	1. 城镇公共供水管网改造项目。项目应符合当地城市供水相关规划要求或列入相关改造计划。综合改造后,项目所在供水区域管网漏损率下降≥5%,或全市(县)公共供水管网漏损率不高于 12%。 2. 工业公共供水管网改造项目。综合改造后,工业公共供水管网漏损率不高于 5%
	工业节水改造项目	1. 工业智慧水管理项目。包括水系统智慧大数据中心项目、水系统操作、控制、管理智能一体化项目等。通过实施工业智慧水管理项目,工业企业应达到国家水效领跑者企业用水指标要求。 2. 凝结水回收利用项目。项目精处理后的凝结水应达到中、高压锅炉进水标准,温度不小于 85℃,年节水量不低于 32 万立方米

类别	项目	条件
三、节水改造及非常规水利用	工业节水改造项目	3. 电化学循环水处理项目。改造后项目达到《工业循环冷却水处理设计规范》指标要求,浓缩倍数≥5。 4. 煤炭工业复合式干法选煤节水改造项目,年节水量不低于200万立方米。 5. 工业除尘湿法改干法项目。年节水量不低于200万立方米。 6. 石化化工、造纸、纺织印染企业节水技术改造项目。改造后达到国家水效领跑者企业用水指标要求。 7. 干法熄焦改造项目。年节水量不低于90万立方米。 8. 公用纺织品洗涤节水技术改造项目。改造后每吨布草洗涤用水量达到《公用纺织品洗涤设施节水管理规范》取水定额先进值。 9. 毛皮、皮革加工节水改造项目。对于毛皮加工节水改造项目,改造后加工标准张绵羊皮用水量达到《取水定额 毛皮》取水定额先进企业值;对于皮革加工节水技术改造项目,改造后加工单位原料皮用水量达到《取水定额 皮革》取水定额先进企业值

第三节　农村饮水安全工程企业所得税优惠

案例 77

企业取得从事饮水工程新建项目投资经营所得，
可以享受企业所得税优惠政策吗？

G 公司是一家饮水工程运营管理企业，其运营管理的饮水工程属于为农村居民提供生活用水而建设的供水工程设施。G 公司未从事国家限制和禁止发展的项目。

2022 年 11 月，G 公司从事《公共基础设施项目企业所得税优惠目录》规定的饮水工程新建项目投资经营，取得项目第一笔生产经营收入。

G 公司对其饮水工程新建项目投资经营单独计算所得，并合理分摊期间费用。

❓提问　林老师，G 公司取得从事饮水工程新建项目投资经营所得，可以享受企业所得税优惠政策吗？

林老师解答

可以。

G 公司从事饮水工程新建项目投资经营，自项目取得第一笔生产经营收入所属纳税年度即 2022 年起，第一年至第三年即 2022 年至 2024 年免征企业所得税，第四年至第六年即 2025 年至 2027 年减半征收企业所得税。

◆ 政策依据

财政部 国家税务总局
关于继续实行农村饮水安全工程税收优惠政策的公告

2019 年 4 月 15 日　财政部 税务总局公告 2019 年第 67 号

五、对饮水工程运营管理单位从事《公共基础设施项目企业所得税优惠目录》规定的饮水工程新建项目投资经营的所得，自项目取得第一笔生产经营收入所属纳税年度起,第一年至第三年免征企业所得税,第四年至第六年减半征收企业所得税。

划重点　消痛点

本案例中,假定 G 公司投资经营的饮水工程不属于新建项目,则 G 公司无法享受企业所得税"三免三减半"的优惠政策。

知识链接

公共基础设施项目企业所得税优惠目录

根据财政部 国家税务总局 国家发展和改革委员会关于公布《公共基础设施项目企业所得税优惠目录(2008 年版)》的通知(财税〔2008〕116 号)的规定,公共基础设施项目企业所得税优惠目录如下表:

《公共基础设施项目企业所得税优惠目录(2008 年版)》

序号	类别	项目	范围、条件及技术标准
1	港口码头	码头、泊位、通航建筑物新建项目	由省级以上政府投资主管部门核准的沿海港口万吨级及以上泊位、内河千吨级及以上泊位、滚装泊位、内河航运枢纽新建项目
2	机场	民用机场新建项目	由国务院核准的民用机场新建项目,包括民用机场迁建、军航机场军民合用改造项目
3	铁路	铁路新线建设项目	由省级以上政府投资主管部门或国务院行业主管部门核准的客运专线、城际轨道交通和Ⅲ级及以上铁路建设项目
4		既有线路改造项目	由省级以上政府投资主管部门或国务院行业主管部门核准的铁路电气化改造、增建二线项目以及其他改造投入达到项目固定资产账面原值 75％以上的改造项目
5	公路	公路新建项目	由省级以上政府投资主管部门核准的一级以上的公路建设项目
6	城市公共交通	城市快速轨道交通新建项目	由国务院核准的城市地铁、轻轨新建项目

续表

序号	类别	项目	范围、条件及技术标准
7	电力	水力发电新建项目（包括控制性水利枢纽工程）	由国务院投资主管部门核准的在主要河流上新建的水电项目,总装机容量在 25 万千瓦及以上的新建水电项目,以及抽水蓄能电站项目
8		核电站新建项目	由国务院核准的核电站新建项目
9		电网（输变电设施）新建项目	由国务院投资主管部门核准的 330 千伏及以上跨省及长度超过 200 千米的交流输变电新建项目,500 千伏及以上直流输变电新建项目;由省级以上政府投资主管部门核准的革命老区、老少边穷地区电网新建工程项目;农网输变电新建项目。
10		风力发电新建项目	由政府投资主管部门核准的风力发电新建项目
11		海洋能发电新建项目	由省级以上政府投资主管部门核准的海洋能发电新建项目
12		太阳能发电新建项目	由政府投资主管部门核准的太阳能发电新建项目
13		地热发电新建项目	由政府投资主管部门核准的地热发电新建项目
14	水利	灌区配套设施及农业节水灌溉工程新建项目	由政府投资主管部门核准的灌区水源工程、灌排系统工程、节水工程
15		地表水水源工程新建项目	由政府投资主管部门核准的水库、塘堰、水窖及配套工程
16		调水工程新建项目	由政府投资主管部门核准的取水、输水、配水工程
17		农村人畜饮水工程新建项目	由政府投资主管部门核准的农村人畜饮水工程中取水、输水、净化水、配水工程
18		牧区水利工程新建项目	由政府投资主管部门核准的牧区水利工程中的取水、输配水、节水灌溉及配套工程

第四节　农业资源综合利用项目所得企业所得税优惠

案例 78

企业取得的以农作物秸秆及壳皮等原料生产的纸浆、秸秆浆销售收入，可以享受企业所得税优惠政策吗？

H 公司是一家纸浆、秸秆浆生产企业，未从事国家限制和禁止发展的项目。

2022 年 12 月，H 公司以农作物秸秆及壳皮（粮食作物秸秆、粮食壳皮、玉米芯等）等原料生产纸浆、秸秆浆，产品原料 70% 以上来自所列资源，且产品符合国家和行业标准、属于国家非限制和禁止项目。

当月，H 公司销售以农作物秸秆及壳皮等原料生产的纸浆、秸秆浆，取得收入 120 万元。

H 公司对其以农作物秸秆及壳皮等原料生产的纸浆、秸秆浆销售业务在财务上实行单独核算。

❓ 提问　林老师，H 公司取得的以农作物秸秆及壳皮等原料生产的纸浆、秸秆浆销售收入，可以享受企业所得税优惠政策吗？

林老师解答

可以。

H 公司取得的以农作物秸秆及壳皮等原料生产的纸浆、秸秆浆销售收入，在申报缴纳企业所得税时，减按 90% 计入收入总额。

◆ 政策依据

中华人民共和国企业所得税法

2018 年 12 月 29 日　中华人民共和国主席令第二十三号修正

第三十三条　企业综合利用资源，生产符合国家产业政策规定的产品所取得的收入，可以在计算应纳税所得额时减计收入。

中华人民共和国企业所得税法实施条例

2019 年 4 月 23 日　中华人民共和国国务院令第 714 号修订

第九十九条　企业所得税法第三十三条所称减计收入,是指企业以《资源综合利用企业所得税优惠目录》规定的资源作为主要原材料,生产国家非限制和禁止并符合国家和行业相关标准的产品取得的收入,减按 90% 计入收入总额。

前款所称原材料占生产产品材料的比例不得低于《资源综合利用企业所得税优惠目录》规定的标准。

财政部 国家税务总局 国家发展改革委 生态环境部
关于公布《环境保护、节能节水项目企业所得税优惠目录(2021 年版)》以及《资源综合利用企业所得税优惠目录(2021 年版)》的公告

2021 年 12 月 16 日　财政部 税务总局 发展改革委
生态环境部公告 2021 年第 36 号

一、……《资源综合利用企业所得税优惠目录(2021 年版)》自 2021 年 1 月 1 日起施行。

《资源综合利用企业所得税优惠目录(2021 年版)》

类别	序号	综合利用的资源	生产的产品	技术标准
……	……	……	……	……
……	……	……	……	……
	……	……	……	
	……	……	……	
	……	……	……	
	……	……	……	
三、再生资源	3.5	农作物秸秆及壳皮(粮食作物秸秆、粮食壳皮、玉米芯等)、林业三剩物、次小薪材、蔗渣、糠醛渣、菌糠、酒糟、粗糟、中药渣、废旧家具、畜禽养殖废弃物、畜禽屠宰废弃物、农产品加工有机废弃物	纤维板、刨花板、细木工板、生物质压块,生物质破碎料、生物天然气、热解燃气、沼气、生物油、电力、热力、生物炭、活性炭、栲胶、水解酒精、纤维素、木质素、木糖、阿拉伯糖、糠醛、土壤调理剂、有机肥、膨化饲料、颗粒饲料、菌棒、纸浆、秸秆浆、纸制品等	1.产品原料 70% 以上来自所列资源。2.产品符合国家和行业标准

划重点　消痛点

本案例中,假定 H 公司从事的资源综合利用项目,产品原料 60％来自所列资源,则根据《资源综合利用企业所得税优惠目录(2021 年版)》,H 公司取得的纸浆、秸秆浆销售收入,在申报缴纳企业所得税时,不得减按 90％计入收入总额。

知识链接

资源综合利用企业所得税优惠目录

根据财政部　税务总局　发展改革委　生态环境部公告 2021 年第 36 号的规定,资源综合利用企业所得税优惠目录如下表:

《资源综合利用企业所得税优惠目录(2021 年版)》

类别	序号	综合利用的资源	生产的产品	技术标准
一、共生、伴生矿产资源	1.1	煤系共生、伴生矿产资源、瓦斯	高岭岩、铝矾土、膨润土,电力、热力及燃气	1. 产品原料 100％来自所列资源。2.产品原料来自煤炭开发中的废弃物。3.产品符合国家和行业标准
	1.2	黑金属矿、有色金属矿、非金属矿共生、伴生矿产资源	共生、伴生矿产资源产品	1. 产品原料 100％来自所列资源。2.共生、伴生矿产资源未达到工业品位

续表

类别	序号	综合利用的资源	生产的产品	技术标准
二、废水（液）、废气、废渣	2.1	煤矸石、煤泥、化工废渣、粉煤灰、尾矿、废石、冶炼渣（钢铁渣、有色冶炼渣、赤泥等）、工业副产石膏、港口航道的疏浚物、江河（渠）道的淤泥淤沙等、风积沙、建筑垃圾、生活垃圾焚烧炉渣	砖（瓦）、电力、热力、煤矸石井下充填开采置换出的呆滞煤量、砌块、新型墙体材料、石膏类制品以及商品粉煤灰、建筑砂石骨料、道路用建筑垃圾再生骨料、再生级配骨料、再生骨料无机混合料、预拌商品混凝土、干混砂浆、预拌砂浆、砂浆预制件、混凝土预制件、盾构土、粒化高炉矿渣、钢渣微粉、微晶玻璃、岩棉、矿渣棉、氧化铝、水泥熟料	1. 建材产品原料70％以上来自所列资源。生产其他产品的产品原料100％来自所列资源。2. 用煤矸石、煤泥生产电力、热力产品符合《煤矸石综合利用管理办法》要求。3. 产品符合国家和行业标准
	2.2	社会回收的废金属（废钢铁、废铜、废铝等）、冶炼渣（钢铁渣、有色冶炼渣、赤泥等）、化工废渣	金属（含稀贵金属）、铁合金料、精矿粉、氯盐（氯化钾、氯化钠等）、硅酸盐及其衍生产品	1. 产品原料70％以上来自所列资源。2. 产品符合国家和行业标准
	2.3	化工、纺织、造纸工业废液及废渣	银、盐、锌、纤维、碱、羊毛脂、聚乙烯醇、硫化钠、亚硫酸钠、硫氰酸钠、硝酸、铁盐、铬盐、木素磺酸盐、乙酸、乙二酸、乙酸钠、盐酸、粘合剂、酒精、香兰素、饲料酵母、肥料、甘油、乙氰	1. 产品原料70％以上来自所列资源。2. 产品符合国家和行业标准
	2.4	制盐液（苦卤）及硼酸废液	氯化钾、硝酸钾、溴素、氯化镁、氢氧化镁、无水硝、石膏、硫酸镁、硫酸钾、肥料	产品原料70％以上来自所列资源

155

续表

类别	序号	综合利用的资源	生产的产品	技术标准
二、废水（液）、废气、废渣	2.5	工矿废水、城镇污水污泥	再生水、土地改良剂、有机肥料	1. 再生水原料100%来自所列资源。 2. 土地改良剂、有机肥料原料80%以上来自所列资源。 3. 产品符合《城市污水再生利用》系列国家标准、《再生水水质标准》或相关用途的再生水水质标准
	2.6	焦炉煤气、转炉煤气、高炉煤气、矿热炉尾气、化工废气、石油（炼油）化工废气、发酵废气、炭黑尾气、二氧化碳、氯化氢废气，生物质合成气	电力、热力、硫磺、硫酸、磷铵、硫铵、脱硫石膏、可燃气、轻烃、氢气、硫酸亚铁、有色金属、二氧化碳（纯度≥99.9%）、干冰、甲醇、合成氨、甲烷、变性燃料乙醇（纯度≥99.5%）、乙醇梭菌蛋白/菌体蛋白（粗蛋白≥80%）、天然气、氯气（含液氯）	1. 产品原料100%来自所列资源。 2. 乙醇、蛋白产品等符合国家和行业标准
三、再生资源	3.1	废弃电器电子产品、废旧电池、废感光材料、废灯泡（管）、废旧太阳能光伏板、风电机组	金属（含稀贵金属）、非金属产品	1. 产品原料90%以上来自所列资源。 2. 产品原料符合《废弃电器电子产品处理目录》
	3.2	废塑料	塑料制品、塑木（木塑）产品	1. 产品原料90%以上来自所列资源。 2. 产品符合国家和行业标准

续表

类别	序号	综合利用的资源	生产的产品	技术标准
三、再生资源	3.3	废旧轮胎、废橡胶	再制造轮胎、胶粉、再生橡胶等	1. 产品原料70%以上来自所列资源。2.产品符合国家和行业标准
	3.4	废弃天然纤维、化学纤维、多种废弃纤维混合物及其制品、废弃聚酯瓶及瓶片	浆粕、纤维纱及织物、无纺布、毡、粘合剂、再生聚酯及其制品、再生纤维、燃料块、复合板材、生态修复材料、工程塑料等	1.生产再生聚酯及其制品的产品原料100%来自所列资源。2.生产其他产品的产品原料70%以上来自所列资源
	3.5	农作物秸秆及壳皮（粮食作物秸秆、粮食壳皮、玉米芯等）、林业三剩物、次小薪材、蔗渣、糠醛渣、菌糠、酒糟、粗糟、中药渣、废旧家具、畜禽养殖废弃物、畜禽屠宰废弃物、农产品加工有机废弃物	纤维板、刨花板、细木工板、生物质压块，生物质破碎料、生物天然气、热解燃气、沼气、生物油、电力、热力、生物炭、活性炭、栲胶、水解酒精、纤维素、木质素、木糖、阿拉伯糖、糠醛、土壤调理剂、有机肥、膨化饲料、颗粒饲料、菌棒、纸浆、秸秆浆、纸制品等	1. 产品原料70%以上来自所列资源。2.产品符合国家和行业标准
	3.6	废生物质油、废弃润滑油	生物柴油、工业级混合油等	1. 产品原料90%以上来自所列资源。2.产品符合国家和行业标准

类别	序号	综合利用的资源	生产的产品	技术标准
三、再生资源	3.7	废玻璃、废玻璃纤维	玻璃熟料、玻璃纤维制品、真空绝热板芯材	1. 产品原料90%以上来自所列资源。2. 产品符合国家和行业标准
	3.8	废旧汽车、废旧办公设备、废旧工业装备、废旧机电设备	通过再制造方式生产的发动机、变速箱、转向器、起动机、发电机、电动机等汽车零部件、办公设备、工业装备、机电设备零部件等	产品符合国家标准
	3.9	厨余垃圾	有机肥料、粗油脂、沼气等	1. 产品原料80%以上来自所列资源。2. 产品符合国家和行业标准
	3.10	铸造废砂	再生砂型覆膜砂、低氨覆膜砂、再生砂	1. 产品原料70%以上来自所列资源。2. 产品符合国家和行业标准
	3.11	废纸	纸浆、纸制品	1. 产品原料90%以上来自所列资源。2. 产品符合国家和行业标准

第五节 安置残疾人就业企业所得税优惠

案例 79

农村集体经济组织安置残疾人就业，可以享受企业所得税优惠政策吗？

I 单位是一家农村集体经济组织，未从事国家限制和禁止发展的项目。

2022 年，I 单位安置残疾人员就业，所安置的残疾人员符合《中华人民共和国残疾人保障法》规定的范围。

I 单位依法与安置的每位残疾人签订了 3 年的劳动合同，并且安置的每位残疾人在 I 单位实际上岗工作；I 单位为安置的每位残疾人按月足额缴纳了所在区县人民政府根据国家政策规定的基本养老保险、基本医疗保险、失业保险和工伤保险等社会保险；I 单位定期通过银行等金融机构向安置的每位残疾人实际支付了不低于所在区县适用的经省级人民政府批准的最低工资标准的工资；I 单位具备安置残疾人上岗工作的基本设施。

❓提问 林老师，I 单位安置残疾人就业，可以享受企业所得税优惠政策吗？

林老师解答

可以。

I 单位安置残疾人员就业，在计算缴纳企业所得税时，可在据实扣除支付给残疾职工工资的基础上，再加计 100％扣除。

◆政策依据

中华人民共和国企业所得税法

2018 年 12 月 29 日 中华人民共和国主席令第二十三号修正

第三十条 企业的下列支出，可以在计算应纳税所得额时加计扣除：

……

（二）安置残疾人员及国家鼓励安置的其他就业人员所支付的工资。

中华人民共和国企业所得税法实施条例

2019 年 4 月 23 日　中华人民共和国国务院令第 714 号修订

第九十六条　企业所得税法第三十条第(二)项所称企业安置残疾人员所支付的工资的加计扣除,是指企业安置残疾人员的,在按照支付给残疾职工工资据实扣除的基础上,按照支付给残疾职工工资的 100% 加计扣除。残疾人员的范围适用《中华人民共和国残疾人保障法》的有关规定。

企业所得税法第三十条第(二)项所称企业安置国家鼓励安置的其他就业人员所支付的工资的加计扣除办法,由国务院另行规定。

财政部 国家税务总局
关于安置残疾人员就业有关企业所得税优惠政策问题的通知

2009 年 04 月 30 日　财税〔2009〕70 号

一、企业安置残疾人员的,在按照支付给残疾职工工资据实扣除的基础上,可以在计算应纳税所得额时按照支付给残疾职工工资的 100% 加计扣除。

……

二、残疾人员的范围适用《中华人民共和国残疾人保障法》的有关规定。

三、企业享受安置残疾职工工资 100% 加计扣除应同时具备如下条件:

(一)依法与安置的每位残疾人签订了 1 年以上(含 1 年)的劳动合同或服务协议,并且安置的每位残疾人在企业实际上岗工作。

(二)为安置的每位残疾人按月足额缴纳了企业所在区县人民政府根据国家政策规定的基本养老保险、基本医疗保险、失业保险和工伤保险等社会保险。

(三)定期通过银行等金融机构向安置的每位残疾人实际支付了不低于企业所在区县适用的经省级人民政府批准的最低工资标准的工资。

(四)具备安置残疾人上岗工作的基本设施。

划重点 消痛点

根据财税〔2009〕70 号文件第一条第二款的规定,本案例中,I 单位于 2022 年就支付给残疾职工的工资,在进行企业所得税预缴申报时,允许据实计算扣除;在 2022 年度终了进行企业所得税年度申报和汇算清缴时,再按照支付给残疾职工工资的 100% 加计扣除。

第六节　扶贫捐赠企业所得税优惠

案例 80

农村集体经济组织扶贫捐赠支出可以在企业所得税税前据实扣除吗？

J单位是一家农村集体经济组织，属于实行查账征收的居民企业。

2022年12月，J单位通过公益性社会组织向目标脱贫地区进行扶贫捐赠，发生捐赠支出32万元，取得了公益性捐赠票据。

提问 林老师，J单位发生的扶贫捐赠支出可以在企业所得税税前据实扣除吗？

林老师解答

可以。

◆ 政策依据

财政部 税务总局 国务院扶贫办
关于企业扶贫捐赠所得税税前扣除政策的公告

2019年4月2日　财政部 税务总局 国务院扶贫办公告2019年第49号

一、自2019年1月1日至2022年12月31日，企业通过公益性社会组织或者县级（含县级）以上人民政府及其组成部门和直属机构，用于目标脱贫地区的扶贫捐赠支出，准予在计算企业所得税应纳税所得额时据实扣除。在政策执行期限内，目标脱贫地区实现脱贫的，可继续适用上述政策。

"目标脱贫地区"包括832个国家扶贫开发工作重点县、集中连片特困地区县（新疆阿克苏地区6县1市享受片区政策）和建档立卡贫困村。

财政部 国家税务总局 国家乡村振兴局 人力资源和社会保障部
关于延长部分扶贫税收优惠政策执行期限的公告

2021 年 5 月 6 日　财政部　税务总局　人力资源社会保障部
国家乡村振兴局公告 2021 年第 18 号

……《财政部　税务总局　国务院扶贫办关于企业扶贫捐赠所得税税前扣除政策的公告》（财政部　税务总局　国务院扶贫办公告 2019 年第 49 号）……中规定的税收优惠政策，执行期限延长至 2025 年 12 月 31 日。

划重点　消痛点

本案例中，假定 J 单位于 2023 年 1 月通过县级政府向目标脱贫地区进行扶贫捐赠，则根据财政部　税务总局　国务院扶贫办公告 2019 年第 49 号第一条、财政部　税务总局　人力资源社会保障部　国家乡村振兴局公告 2021 年第 18 号的规定，J 单位发生的扶贫捐赠支出也可以在企业所得税税前据实扣除。

第七节　西部地区鼓励类产业企业所得税优惠

案例 81

西部地区鼓励类产业企业可以减按 15％的税率 申报缴纳企业所得税吗？

K 单位是一家于 2022 年 1 月在重庆市设立的内资企业，属于实行查账征收的居民企业。

K 单位以新型节能、隔音、防火门窗及配件的开发与生产项目为主营业务，其 2022 年主营业务收入占收入总额的 80％。

K 单位的主营产业未被国家相关产业目录明确为限制、淘汰、禁止等类型产业。

？提问 林老师，K 单位 2022 年可以减按 15％的税率申报缴纳企业所得税吗？

林老师解答

可以。

◆ 政策依据

财政部 税务总局 国家发展改革委
关于延续西部大开发企业所得税政策的公告

2020 年 4 月 23 日　财政部 税务总局 国家发展改革委公告 2020 年第 23 号

一、自 2021 年 1 月 1 日至 2030 年 12 月 31 日，对设在西部地区的鼓励类产业企业减按 15％的税率征收企业所得税。本条所称鼓励类产业企业是指以《西部地区鼓励类产业目录》中规定的产业项目为主营业务，且其主营业务收入占企业收入总额 60％以上的企业。

上述所称收入总额，是指《企业所得税法》第六条规定的收入总额。

163

二、《西部地区鼓励类产业目录》由发展改革委牵头制定。该目录在本公告执行期限内修订的,自修订版实施之日起按新版本执行。

三、税务机关在后续管理中,不能准确判定企业主营业务是否属于国家鼓励类产业项目时,可提请发展改革等相关部门出具意见。对不符合税收优惠政策规定条件的,由税务机关按税收征收管理法及有关规定进行相应处理。具体办法由省级发展改革、税务部门另行制定。

四、本公告所称西部地区包括内蒙古自治区、广西壮族自治区、重庆市、四川省、贵州省、云南省、西藏自治区、陕西省、甘肃省、青海省、宁夏回族自治区、新疆维吾尔自治区和新疆生产建设兵团。湖南省湘西土家族苗族自治州、湖北省恩施土家族苗族自治州、吉林省延边朝鲜族自治州和江西省赣州市,可以比照西部地区的企业所得税政策执行。

五、本公告自 2021 年 1 月 1 日起执行。……

西部地区鼓励类产业目录(2020 年本)

2021 年 1 月 18 日　国家发展和改革委员会令 2021 年第 40 号

《西部地区鼓励类产业目录(2020 年本)》已经 2020 年 11 月 5 日国家发展和改革委员会第 11 次委务会议审议通过,并经国务院同意,现予发布,自 2021 年 3 月 1 日起施行。……

附件

西部地区鼓励类产业目录

二、西部地区新增鼓励类产业

西部地区新增鼓励类产业按省、自治区、直辖市分列,原则上适用于在相应省、自治区、直辖市生产经营的内资企业,并根据实际情况适时修订;如所列产业被国家相关产业目录明确为限制、淘汰、禁止等类型产业,其鼓励类属性自然免除。

(一)重庆市

……

4.新型节能、隔音、防火门窗及配件的开发与生产

划重点　消痛点

本案例中,假定 K 单位 2022 年主营业务收入占收入总额的 45％,则根据财政部 税务总局 国家发展改革委公告 2020 年第 23 号第一条的规定,K 单位 2022 年不可以减按 15％的税率申报缴纳企业所得税。

第八节　支持少数民族地区发展企业所得税优惠

案例 82

民族自治地方企业可以减免企业所得税地方分享部分吗？

L 单位是一家于 2022 年 2 月在实行民族区域自治的自治区设立的农村集体经济组织，属于实行查账征收的居民企业。

L 单位未从事国家限制和禁止行业。

❓提问 林老师，L 单位所在地的民族自治机关可以减免 L 单位 2022 年企业所得税地方分享部分吗？

林老师解答

可以。

◆ 政策依据

中华人民共和国企业所得税法

2018 年 12 月 29 日　中华人民共和国主席令第二十三号修正

第二十九条　民族自治地方的自治机关对本民族自治地方的企业应缴纳的企业所得税中属于地方分享的部分，可以决定减征或者免征。自治州、自治县决定减征或者免征的，须报省、自治区、直辖市人民政府批准。

中华人民共和国企业所得税法实施条例

2019 年 4 月 23 日　中华人民共和国国务院令第 714 号修订

第九十四条　企业所得税法第二十九条所称民族自治地方，是指依照《中华人民共和国民族区域自治法》的规定，实行民族区域自治的自治区、自治州、自治县。

对民族自治地方内国家限制和禁止行业的企业，不得减征或者免征企业所得税。

划重点　消痛点

本案例中,假定 L 单位 2022 年从事国家限制和禁止行业,则根据《中华人民共和国企业所得税法实施条例》第九十四条第二款的规定,不得减征或者免征 L 单位 2022 年企业所得税。

案例 83

新疆困难地区新办鼓励发展产业企业可以享受企业所得税优惠政策吗?

M 单位是一家于 2021 年 9 月在南疆三地州注册并实质性运营的内资企业,企业所得税实行查账征收。

M 单位的主营业务为畜禽标准化规模养殖技术开发与应用,该主营项目于 2022 年 9 月建成并投入运营取得第一笔收入。

M 单位 2022 年主营业务收入占收入总额的 70%,且预计未来主营业务收入占收入总额的比例均会超过 60%。

❓提问 林老师,M 单位可以享受企业所得税优惠政策吗?

林老师解答

可以。

M 单位自取得第一笔生产经营收入所属纳税年度即 2022 年起,第一年至第二年即 2022 年至 2023 年免征企业所得税,第三年至第五年即 2024 年至 2026 年减半征收企业所得税。

◆ 政策依据

财政部　税务总局
关于新疆困难地区及喀什、霍尔果斯两个特殊经济开发区
新办企业所得税优惠政策的通知

2021 年 5 月 18 日　财税〔2021〕27 号

一、2021 年 1 月 1 日至 2030 年 12 月 31 日,对在新疆困难地区新办的属于《新疆困难地区重点鼓励发展产业企业所得税优惠目录》(以下简称《目录》)范围内的企业,自取得第一笔生产经营收入所属纳税年度起,第一年至第二年免征企业所得税,第三年至第五年减半征收企业所得税。

享受上述企业所得税定期减免税政策的企业,在减半期内,按照企业所得税25%的法定税率计算的应纳税额减半征税。

新疆困难地区包括南疆三地州、其他脱贫县(原国家扶贫开发重点县)和边境县市。

……

三、属于《目录》范围内的企业是指以《目录》中规定的产业项目为主营业务,其主营业务收入占企业收入总额60%以上的企业。

四、第一笔生产经营收入,是指产业项目已建成并投入运营后所取得的第一笔收入。

财政部 税务总局 发展改革委 工业和信息化部
关于印发新疆困难地区重点鼓励发展产业企业所得税优惠目录的通知

2021年10月26日 财税〔2021〕42号

一、属于《新疆困难地区重点鼓励发展产业企业所得税优惠目录》范围内的企业,可按《财政部 税务总局关于新疆困难地区及喀什、霍尔果斯两个特殊经济开发区新办企业所得税优惠政策的通知》(财税〔2021〕27号)规定享受相关企业所得税优惠政策。

二、享受新疆困难地区……企业所得税优惠政策的企业,需注册在新疆困难地区……并实质性运营。

所称实质性运营,是指企业的实际管理机构设在当地,并对企业生产经营、人员、账务、财产等实施实质性全面管理和控制。

……

四、本通知自2021年1月1日起施行。

附件:

新疆困难地区重点鼓励发展产业企业所得税优惠目录

一、农林业(36项)

……

2.畜禽标准化规模养殖技术开发与应用

划重点 消痛点

本案例中,假定 M 单位未在新疆困难地区实质性运营,则根据财税〔2021〕42 号第二条的规定,M 单位无法享受"两免三减半"的企业所得税优惠政策。

案例 84

新疆霍尔果斯特殊经济开发区企业可以享受企业所得税优惠政策吗?

N 单位是一家于 2021 年 10 月在新疆霍尔果斯特殊经济开发区注册并实质性运营的内资企业,企业所得税实行查账征收。

N 单位的主营业务为生态种(养)技术开发与应用,该主营项目于 2022 年 10 月建成并投入运营取得第一笔收入。

N 单位 2022 年主营业务收入占收入总额的 75%,且预计未来主营业务收入占收入总额的比例均会超过 60%。

提问 林老师,N 单位可以享受企业所得税优惠政策吗?

林老师解答

可以。

N 单位自取得第一笔生产经营收入所属纳税年度即 2022 年起,五年内免征企业所得税。

◆政策依据

财政部 税务总局
关于新疆困难地区及喀什、霍尔果斯两个特殊经济开发区
新办企业所得税优惠政策的通知

2021 年 5 月 18 日 财税〔2021〕27 号

二、2021 年 1 月 1 日至 2030 年 12 月 31 日,对在新疆喀什、霍尔果斯

两个特殊经济开发区内新办的属于《目录》范围内的企业,自取得第一笔生产经营收入所属纳税年度起,五年内免征企业所得税。

三、属于《目录》范围内的企业是指以《目录》中规定的产业项目为主营业务,其主营业务收入占企业收入总额60%以上的企业。

财政部 税务总局 发展改革委 工业和信息化部
关于印发新疆困难地区重点鼓励发展产业企业所得税优惠目录的通知

2021年10月26日　财税〔2021〕42号

二、享受……喀什、霍尔果斯两个特殊经济开发区企业所得税优惠政策的企业,需注册在……喀什、霍尔果斯两个特殊经济开发区并实质性运营。

所称实质性运营,是指企业的实际管理机构设在当地,并对企业生产经营、人员、账务、财产等实施实质性全面管理和控制。

……

附件

新疆困难地区重点鼓励发展产业企业所得税优惠目录

一、农林业(36项)

……

5.生态种(养)技术开发与应用

第十章
支持乡村振兴个人所得税优惠

第一节 种植业、养殖业、饲养业、捕捞业个人所得税优惠

案例 85

个人从事种植业取得的所得需要缴纳个人所得税吗?

2022 年 11 月,农村居民严先生从事种植业,取得种植业所得 3 万元。

❓提问 林老师,严先生取得的种植业所得需要缴纳个人所得税吗?

林老师解答

不需要。

◆ **政策依据**

财政部 国家税务总局
关于农村税费改革试点地区有关个人所得税问题的通知

2004 年 1 月 17 日 财税〔2004〕30 号

一、农村税费改革试点期间,取消农业特产税、减征或免征农业税后,对个人……从事种植业……,且经营项目属于农业税(包括农业特产税)、牧业税征税范围的,其取得的"四业"所得暂不征收个人所得税。

……

三、本通知自 2004 年 1 月 1 日起执行……

划重点　消痛点

根据财税〔2004〕30 号文件第一条的规定，暂不征收个人所得税的所得项目，除本案例中的种植业所得外，还包括养殖业、饲养业、捕捞业所得。

案例 86

个体工商户从事养殖业取得的所得需要缴纳个人所得税吗？

农村居民蒋先生从事个体经营成立 A 个体工商户，并于 2022 年 8 月办妥了 A 个体工商户登记手续。

2022 年 11 月，A 个体工商户从事养殖业，取得养殖业所得 12 万元。

提问 林老师，A 个体工商户取得的养殖业所得需要缴纳个人所得税吗？

林老师解答

不需要。

◆政策依据

财政部 国家税务总局
关于农村税费改革试点地区有关个人所得税问题的通知

2004 年 1 月 17 日　财税〔2004〕30 号

一、农村税费改革试点期间，取消农业特产税、减征或免征农业税后，对……个体户从事……养殖业……，且经营项目属于农业税（包括农业特产税）、牧业税征税范围的，其取得的"四业"所得暂不征收个人所得税。

案例 87

合伙企业从事饲养业,其个人投资者取得的饲养业所得需要缴纳个人所得税吗?

2022 年 1 月,农村居民李先生和马女士设立 B 合伙企业。合伙协议约定,B 合伙企业的生产经营所得和其他所得按李先生 60%、马女士 40% 进行分配。

B 合伙企业 2022 年从事饲养业,取得饲养业所得 100 万元,李先生分得 60 万元、马女士分得 40 万元。

提问 林老师,李先生、马女士取得的饲养业所得需要缴纳个人所得税吗?

林老师解答

不需要。

◆ **政策依据**

财政部 国家税务总局
关于个人独资企业和合伙企业投资者取得种植业 养殖业 饲养业 捕捞业
所得有关个人所得税问题的批复

2010 年 11 月 2 日　财税〔2010〕96 号

根据《国务院关于个人独资企业和合伙企业征收所得税问题的通知》(国发〔2000〕16 号)、《财政部 国家税务总局关于个人所得税若干政策问题的通知》(财税字〔1994〕020 号)和《财政部 国家税务总局关于农村税费改革试点地区有关个人所得税问题的通知》(财税〔2004〕30 号)等有关规定,对……合伙企业从事种植业、养殖业、饲养业和捕捞业(以下简称"四业"),其投资者取得的"四业"所得暂不征收个人所得税。

划重点　消痛点

根据财税〔2010〕96 号文件的规定,除本案例中的合伙企业的投资者取得的"四业"所得外,个人独资企业的投资者取得的"四业"所得也可以享受暂不征收个人所得税优惠政策。

第二节　易地扶贫搬迁个人所得税优惠

案例88

易地扶贫搬迁贫困人口取得的住房建设补助
资金可以免征个人所得税吗?

农村居民姚先生属于易地扶贫搬迁贫困人口。

2022年11月,姚先生按规定取得住房建设补助资金6万元,该项补助资金属于与易地扶贫搬迁相关的货币化补偿。

?提问 林老师,姚先生取得的住房建设补助资金可以免征个人所得税吗?

林老师解答

可以。

◆政策依据

财政部 国家税务总局
关于易地扶贫搬迁税收优惠政策的通知

2018年11月29日　财税〔2018〕135号

一、关于易地扶贫搬迁贫困人口税收政策

(一)对易地扶贫搬迁贫困人口按规定取得的住房建设补助资金……等与易地扶贫搬迁相关的货币化补偿……,免征个人所得税。

案例 89

易地扶贫搬迁贫困人口取得的拆旧复垦奖励资金可以免征个人所得税吗？

农村居民杜先生属于易地扶贫搬迁贫困人口。

2022 年 11 月,杜先生按规定取得拆旧复垦奖励资金 10 万元,该项补助资金属于与易地扶贫搬迁相关的货币化补偿。

❓提问 林老师,杜先生取得的拆旧复垦奖励资金可以免征个人所得税吗？

林老师解答

可以。

◆政策依据

财政部 国家税务总局
关于易地扶贫搬迁税收优惠政策的通知

2018 年 11 月 29 日　财税〔2018〕135 号

一、关于易地扶贫搬迁贫困人口税收政策

(一)对易地扶贫搬迁贫困人口按规定取得的……拆旧复垦奖励资金等与易地扶贫搬迁相关的货币化补偿……,免征个人所得税。

案例 90

易地扶贫搬迁贫困人口取得的易地扶贫搬迁安置住房可以免征个人所得税吗？

农村居民白先生属于易地扶贫搬迁贫困人口。

2022 年 11 月,白先生按规定取得一套易地扶贫搬迁安置住房。

❓提问 林老师,白先生取得的易地扶贫搬迁安置住房可以免征个人所得税吗？

175

林老师解答

可以。

◆政策依据

财政部 国家税务总局
关于易地扶贫搬迁税收优惠政策的通知

2018 年 11 月 29 日　财税〔2018〕135 号

一、关于易地扶贫搬迁贫困人口税收政策

（一）对易地扶贫搬迁贫困人口按规定取得的……易地扶贫搬迁安置住房（以下简称安置住房），免征个人所得税。

划重点 消痛点

根据财税〔2018〕135 号文件第三条第（一）项的规定，易地扶贫搬迁项目、项目实施主体、易地扶贫搬迁贫困人口、相关安置住房等信息由易地扶贫搬迁工作主管部门确定；县级易地扶贫搬迁工作主管部门应当将上述信息及时提供给同级税务部门。

第三节　扶贫捐赠个人所得税优惠

案例 91

个人扶贫捐赠支出可以在个人所得税税前扣除吗？

2022 年 11 月,居民个人胡先生通过境内公益性社会组织向贫困地区捐赠 3 万元,取得了公益性捐赠票据。

胡先生 2022 年取得经营所得 15 万元,此外未取得其他所得。

❓提问 林老师,胡先生扶贫捐赠支出,可以在个人所得税税前扣除吗？

✐ 林老师解答

胡先生扶贫捐赠支出 3 万元,未超过其当年经营所得 15 万元的 30% 即 4.5 万元,可以在个人所得税税前全额扣除。

◆ **政策依据**

财政部　税务总局
关于公益慈善事业捐赠个人所得税政策的公告

2019 年 12 月 30 日　财政部　税务总局公告 2019 年第 99 号

一、个人通过中华人民共和国境内公益性社会组织、县级以上人民政府及其部门等国家机关,向教育、扶贫、济困等公益慈善事业的捐赠(以下简称公益捐赠),发生的公益捐赠支出,可以按照个人所得税法有关规定在计算应纳税所得额时扣除。

前款所称境内公益性社会组织,包括依法设立或登记并按规定条件和程序取得公益性捐赠税前扣除资格的慈善组织、其他社会组织和群众团体。

……

三、居民个人按照以下规定扣除公益捐赠支出:

(一)居民个人发生的公益捐赠支出可以在……经营所得中扣除。在当期一个所得项目扣除不完的公益捐赠支出，可以按规定在其他所得项目中继续扣除；

（二）居民个人发生的公益捐赠支出，在……经营所得中扣除的，扣除限额分别为……当年经营所得应纳税所得额的百分之三十；……

……

十一、本公告自 2019 年 1 月 1 日起施行。

划重点　消痛点

本案例中，假定胡先生通过县政府向贫困地区捐赠，则根据财政部 税务总局公告 2019 年第 99 号第一条的规定，胡先生的公益捐赠支出，也可以按照个人所得税法有关规定在计算应纳税所得额时扣除。

第十一章
支持乡村振兴关税优惠

案例 92

边民通过互市贸易进口生活用品，可以免征
进口关税和进口环节税吗？

2022 年 11 月 2 日，边境地区居民何先生通过互市贸易进口价值为 5000 元的生活用品。

该生活用品不属于《财政部 海关总署 国家税务总局关于边民互市进出口商品不予免税清单的通知》（财关税〔2010〕18 号）规定的边民互市进口不予免税清单中的商品。

提问 林老师，何先生当日通过互市贸易进口生活用品，可以免征进口关税和进口环节税吗？

林老师解答

可以。

◆ **政策依据**

财政部 海关总署 国家税务总局
关于促进边境贸易发展有关财税政策的通知

2008 年 10 月 30 日　财关税〔2008〕90 号

二、提高边境地区边民互市进口免税额度

边民通过互市贸易进口的生活用品，每人每日价值在人民币 8000 元以下的，免征进口关税和进口环节税。……

......

本通知自 2008 年 11 月 1 日起执行……

财政部 海关总署 国家税务总局
关于边民互市进出口商品不予免税清单的通知

2010 年 4 月 16 日　财关税〔2010〕18 号

一、边民互市进口商品不予免税清单

边民通过互市贸易进口的商品应以满足边民日常生活需要为目的,边民互市贸易进口税收优惠政策的适用范围仅限生活用品(不包括天然橡胶、木材、农药、化肥、农作物种子等)。在生活用品的范畴内,除国家禁止进口的商品不得通过边民互市免税进口外,其他列入边民互市进口不予免税清单的商品见附件。

......

本通知自 2010 年 5 月 1 日起执行。

知识链接

根据财关税〔2010〕18 号文件的规定,边民互市进口商品不予免税清单如下表:

边民互市进口商品不予免税清单

序号	商品名称	税则号列	备注
1	烟	24021000 24022000 24029000 ex24039900(其他烟草及烟草代用品的制品〈烟草精汁除外〉)	
2	酒	21069020 税目 2203 至 2208 项下全部税号 ex33021090(生产食品、饮料用混合香料及制品,按容量计酒精浓度在 0.5% 及以上)	

续表

序号	商品名称	税则号列	备注
3	化妆品	33030000 33041000 33042000 33043000 ex33049100（粉，不论是否压紧〈痱子粉、爽身粉除外〉） ex33049900（其他美容化妆品〈护肤品除外〉）	
4	成品油	27101110 27101120 27101130 27101911 27101921 27101922 27101929 27101991 27101992 27101993 27101999	
5	摩托车	税目8711项下全部税号	
6	小麦	10011000 10019010 10019090 11010000 11031100 11032010	每人每日50公斤以内免税
7	玉米	10051000 10059000 11022000 11031300 11042300	每人每日50公斤以内免税

续表

序号	商品名称	税则号列	备注
8	稻谷和大米	10061011 10061019 10061091 10061099 10062010 10062090 10063010 10063090 10064010 10064090 11029011 11029019 11031921 11031929	每人每日 50 公斤以内免税
9	糖	17011100 17011200 17019100 17019910 17019920 17019990	每人每日 1 公斤以内免税
10	羊毛	51011100 51011900 51012100 51012900 51013000 51031010	
11	毛条	51051000 51052100 51052900	
12	棉花	52010000 52030000	每人每日 5 公斤以内免税

续表

序号	商品名称	税则号列	备注
13	豆油	15071000 15079000	每人每日 5 公斤以内免税
14	菜籽油	15141100 15141900 15149110 15149190 15149900	每人每日 5 公斤以内免税
15	棕榈油	15111000 15119010 15119090	每人每日 5 公斤以内免税
16	电视机	85284910 85284990 85285910 85285990 85286910 85286990 85287110 85287180 85287190 85287211 85287212 85287219 85287221 85287222 85287229 85287231 85287232 85287239 85287291 85287292 82587299 85287300	

序号	商品名称	税则号列	备注
17	摄像机	85258012 85258013 85258032 85258033 85258039	
18	录像机	85211011 85211019 85219011 85219012 85219019 85219090	
19	放像机	85211020 85219011 85219012 85219019 85219090	
20	音响设备	85181000 85182100 85182200 85182900 85184000 85185000 85192000 85193000 85198111 85198112 85198119 85198121 85198129 85198139 85198910 85198990 85271200 85271300 85271900 85272100 85272900 85279100 85279200 85279900	

续表

序号	商品名称	税则号列	备注
21	空调器	84151010 84151021 84151022 84152000 84158110 84158120 84158210 84158220 84158300	
22	电冰箱 电冰柜	84181010 84181020 84181030 84182110 84182120 84182130 84182910 84182920 84182990 84183021 84183029 84184021 84184029 84185000	
23	洗衣机	84501110 84501120 84501190 84501200 84501900 84502000 84511000	
24	照相机	85258022 85258029 90064000 90065100 90065300 90065990	

续表

序号	商品名称	税则号列	备注
25	微型计算机及外设	84433110 84433190 84433211 84433212 84433213 84433219 84713000 84714140 84714940 84715040 84716050 84716060 84716071 84716072 84716090 84717090 85235110 85235120 85258013 85284100 85285110 85285190 85286100	税号 84716090 仅指 IC 卡读入器；税号 84717090 仅指移动硬盘；税号 85258013 仅指计算机用网络摄像头
26	电话机	85171100 85171210 85171220 85171800 85176990	税号 85176990 仅指可视电话
27	无线寻呼系统	85176299 85176910	
28	电子计算器	84701000 84702100 84702900	

第十二章
支持乡村振兴城市维护建设税、
教育费附加和地方教育附加优惠

第一节　水利工程建设城市维护建设税、
教育费附加和地方教育附加优惠

案例 93

**国家重大水利工程建设基金可以免征城市
维护建设税和教育费附加吗？**

2022 年 11 月,A 单位取得国家重大水利工程建设基金 20 万元。

提问 林老师,A 单位取得的国家重大水利工程建设基金,可以免征城市维护建设税和教育费附加吗？

林老师解答

可以。

◆政策依据

**财政部　国家税务总局
关于免征国家重大水利工程建设基金的城市维护建设税和教育费附加的通知**

2010 年 5 月 25 日　财税〔2010〕44 号

经国务院批准,为支持国家重大水利工程建设,对国家重大水利工程建设基金免征城市维护建设税和教育费附加。

本通知自发文之日起执行。

第二节 小微企业城市维护建设税、 教育费附加和地方教育附加优惠

案例 94

增值税小规模纳税人可以减征城市维护建设税、 教育费附加和地方教育附加吗?

B 单位是一家农村集体经济组织,属于按月申报的增值税小规模纳税人。

2022 年 11 月,B 单位销售一批商品,选择放弃免税开具增值税专用发票,并申报缴纳增值税 6 万元。

❓提问 林老师,B 单位 2022 年 11 月可以减征城市维护建设税、教育费附加和地方教育附加吗?

林老师解答

可以。

◆政策依据

财政部 税务总局
关于进一步实施小微企业"六税两费"减免政策的公告
2022 年 3 月 1 日 财政部 税务总局公告 2022 年第 10 号

一、由省、自治区、直辖市人民政府根据本地区实际情况,以及宏观调控需要确定,对增值税小规模纳税人……可以在 50% 的税额幅度内减征……城市维护建设税、……教育费附加、地方教育附加。

划重点 消痛点

根据财政部 税务总局公告 2022 年第 10 号第一条的规定,增值税小规模纳税人可以减征的地方税费,除本案例中的城市维护建设税、教育费附加、地

方教育附加外,还包括资源税、房产税、城镇土地使用税、印花税(不含证券交易印花税)、耕地占用税。

案例 95

小型微利企业可以减征城市维护建设税、教育费附加和地方教育附加吗?

C 单位是一家农村集体经济组织,属于增值税一般纳税人。

2022 年 4 月,C 单位办理了 2021 年度企业所得税汇算清缴申报,汇算清缴结果判定 C 单位属于小型微利企业。

2022 年 11 月,C 单位销售一批商品,并申报缴纳增值税 13 万元。

提问 林老师,C 单位 2022 年 11 月可以减征城市维护建设税、教育费附加和地方教育附加吗?

林老师解答

可以。

◆ **政策依据**

财政部　税务总局
关于进一步实施小微企业"六税两费"减免政策的公告
2022 年 3 月 1 日　财政部 税务总局公告 2022 年第 10 号

一、由省、自治区、直辖市人民政府根据本地区实际情况,以及宏观调控需要确定,对……小型微利企业……可以在 50% 的税额幅度内减征……城市维护建设税、……教育费附加、地方教育附加。

国家税务总局
关于进一步实施小微企业"六税两费"减免政策有关征管问题的公告
2022 年 3 月 4 日　国家税务总局公告 2022 年第 3 号

一、关于小型微利企业"六税两费"减免政策的适用

（一）适用"六税两费"减免政策的小型微利企业的判定以企业所得税年度汇算清缴（以下简称汇算清缴）结果为准。登记为增值税一般纳税人的企业，按规定办理汇算清缴后确定是小型微利企业的，除本条第（二）项规定外，可自办理汇算清缴当年的 7 月 1 日至次年 6 月 30 日申报享受"六税两费"减免优惠；……

划重点　消痛点

本案例中，假定 C 单位于 2023 年 4 月办理了 2022 年度企业所得税汇算清缴申报，汇算清缴结果判定 C 单位属于小型微利企业，则根据国家税务总局公告 2022 年第 3 号第一条第（一）项规定，C 单位在申报 2023 年 7 月 1 日至 2024 年 6 月 30 日的城市维护建设税、教育费附加、地方教育附加时，可以享受减免优惠。

知识链接

什么是小型微利企业？

根据财政部 税务总局公告 2022 年第 10 号第三条的规定，小型微利企业，是指从事国家非限制和禁止行业，且同时符合年度应纳税所得额不超过 300 万元、从业人数不超过 300 人、资产总额不超过 5000 万元等三个条件的企业。

从业人数，包括与企业建立劳动关系的职工人数和企业接受的劳务派遣用工人数。所称从业人数和资产总额指标，应按企业全年的季度平均值确定。具体计算公式如下：

季度平均值＝（季初值＋季末值）÷2

全年季度平均值＝全年各季度平均值之和÷4

年度中间开业或者终止经营活动的，以其实际经营期作为一个纳税年度确定上述相关指标。

案例 96

个体工商户可以减征城市维护建设税、教育费附加和地方教育附加吗？

农村居民刘先生从事个体经营成立 D 个体工商户，并于 2022 年 7 月办妥了 D 个体工商户登记手续。D 个体工商户于 2022 年 8 月 1 日登记为增值税一般纳税人。

2022 年 11 月，D 个体工商户销售一批商品，并申报缴纳增值税 6.5 万元。

提问 林老师，D 个体工商户 2022 年 11 月可以减征城市维护建设税、教育费附加和地方教育附加吗？

林老师解答

可以。

◆政策依据

财政部 税务总局
关于进一步实施小微企业"六税两费"减免政策的公告

2022 年 3 月 1 日　财政部 税务总局公告 2022 年第 10 号

一、由省、自治区、直辖市人民政府根据本地区实际情况，以及宏观调控需要确定，对……个体工商户可以在 50% 的税额幅度内减征……城市维护建设税、……教育费附加、地方教育附加。

191

第三节　吸纳重点群体就业城市维护建设税、教育费附加和地方教育附加优惠

案例 97

农村集体经济组织招用建档立卡贫困人口,可以享受城市维护建设税、教育费附加、地方教育附加等税费优惠政策吗?

E 单位是一家农村集体经济组织,属于增值税一般纳税人。

2022 年 11 月,E 单位招用纳入全国扶贫开发信息系统的建档立卡贫困人口 30 人,并于当月与其签订了 3 年期限劳动合同并依法缴纳社会保险费。

提问 林老师,E 单位招用建档立卡贫困人口,可以享受城市维护建设税、教育费附加、地方教育附加等税费优惠政策吗?

林老师解答

E 单位可以自签订劳动合同并缴纳社会保险当月即 2022 年 11 月起,在 3 年内按实际招用人数 30 人定额依次扣减增值税、城市维护建设税、教育费附加、地方教育附加和企业所得税。

◆ **政策依据**

财政部 税务总局 人力资源社会保障部 国务院扶贫办
关于进一步支持和促进重点群体创业就业有关税收政策的通知

2019 年 2 月 2 日　财税〔2019〕22 号

二、企业招用建档立卡贫困人口,……与其签订 1 年以上期限劳动合同并依法缴纳社会保险费的,自签订劳动合同并缴纳社会保险当月起,在 3 年内按实际招用人数予以定额依次扣减增值税、城市维护建设税、教育费附加、地方教育附加和企业所得税优惠。限额标准最高可上浮 20%,各省、自治区、直辖市人民政府可根据本地区实际情况在此幅度内确定具体限额标准。

纳税人年度应缴纳税款小于上述扣减限额的,减免税额以其实际缴纳的税款为限;大于上述扣减限额的,以上述扣减限额为限。

......

五、本通知规定的税收政策执行期限为 2019 年 1 月 1 日至 2021 年 12 月 31 日。

国家税务总局 人力资源社会保障部 国务院扶贫办 教育部 关于实施支持和促进重点群体创业就业有关税收政策具体操作问题的公告

2019 年 2 月 26 日　国家税务总局公告 2019 年第 10 号

二、企业招用重点群体税收政策

(一)申请

享受招用重点群体就业税收优惠政策的企业,持下列材料向县以上人力资源社会保障部门递交申请:

......

2.企业与招用重点群体签订的劳动合同(副本),企业依法为重点群体缴纳的社会保险记录。通过内部信息共享、数据比对等方式审核的地方,可不再要求企业提供缴纳社会保险记录。

县以上人力资源社会保障部门接到企业报送的材料后,重点核实以下情况:

1.招用人员是否属于享受税收优惠政策的人员范围,以前是否已享受过重点群体创业就业税收优惠政策。

2.企业是否与招用人员签订了 1 年以上期限劳动合同,并依法为招用人员缴纳社会保险。

核实后,......对符合条件的企业核发《企业吸纳重点群体就业认定证明》。

招用人员发生变化的,应向人力资源社会保障部门办理变更申请。

本公告所称企业是指属于增值税纳税人或企业所得税纳税人的企业等单位。

(二)税款减免顺序及额度

1.纳税人按本单位招用重点群体的人数及其实际工作月数核算本单位减免税总额,在减免税总额内每月依次扣减增值税、城市维护建设税、教育费附加和地方教育附加。城市维护建设税、教育费附加、地方教育附加的计税依据是享受本项税收优惠政策前的增值税应纳税额。

纳税人实际应缴纳的增值税、城市维护建设税、教育费附加和地方教育附加小于核算的减免税总额的,以实际应缴纳的增值税、城市维护建设税、教育费附加、地方教育附加为限;实际应缴纳的增值税、城市维护建设税、教育费附加和地方教育附加大于核算的减免税总额的,以核算的减免税总额为限。纳税年度终了,如果纳税人实际减免的增值税、城市维护建设税、教育费附加和地方教育附加小于核算的减免税总额,纳税人在企业所得税汇算清缴时,以差额部分扣减企业所得税。当年扣减不完的,不再结转以后年度扣减。

享受优惠政策当年,重点群体人员工作不满 1 年的,应当以实际月数换算其减免税总额。

$$减免税总额 = \frac{\sum 每名重点群体人员本年度在本企业工作月数}{12} \times 具体定额标准$$

2. 第 2 年及以后年度当年新招用人员、原招用人员及其工作时间按上述程序和办法执行。计算每名重点群体人员享受税收优惠政策的期限最长不超过 36 个月。

财政部 国家税务总局 国家乡村振兴局 人力资源和社会保障部
关于延长部分扶贫税收优惠政策执行期限的公告

2021 年 5 月 6 日　财政部 税务总局 人力资源社会保障部
国家乡村振兴局公告 2021 年第 18 号

《财政部 税务总局 人力资源社会保障部 国务院扶贫办关于进一步支持和促进重点群体创业就业有关税收政策的通知》(财税〔2019〕22 号)……中规定的税收优惠政策,执行期限延长至 2025 年 12 月 31 日。

划重点　消痛点

根据财税〔2019〕22 号文件第二条的规定,除本案例中的建档立卡贫困人口外,企业招用在人力资源社会保障部门公共就业服务机构登记失业半年以上且持《就业创业证》或《就业失业登记证》(注明"企业吸纳税收政策")的人员,也可以享受城市维护建设税、教育费附加、地方教育附加等税费优惠政策。

第四节　重点群体创业城市维护建设税、教育费附加和地方教育附加优惠

案例 98

零就业家庭劳动年龄内的登记失业人员从事个体经营,可以享受城市维护建设税、教育费附加、地方教育附加等税费优惠政策吗?

王先生是一名零就业家庭劳动年龄内的登记失业人员。

2022 年 11 月,王先生从事个体经营成立了 F 个体工商户,并于当月办妥了 F 个体工商户登记手续。

F 个体工商户属于增值税一般纳税人。

提问 林老师,王先生从事个体经营,可以享受城市维护建设税、教育费附加、地方教育附加等税费优惠政策吗?

林老师解答

王先生自办理 F 个体工商户登记当月即 2022 年 11 月起,在 3 年内按当地政府规定的限额标准依次扣减其当年实际应缴纳的增值税、城市维护建设税、教育费附加、地方教育附加和个人所得税。

◆政策依据

财政部 税务总局 人力资源社会保障部 国务院扶贫办
关于进一步支持和促进重点群体创业就业有关税收政策的通知

2019 年 2 月 2 日　财税〔2019〕22 号

一、……持……《就业失业登记证》(注明"自主创业税收政策")的人员,从事个体经营的,自办理个体工商户登记当月起,在 3 年(36 个月,下同)内按每户每年 12000 元为限额依次扣减其当年实际应缴纳的增值税、城市维护建设税、教育费附加、地方教育附加和个人所得税。限额标准最高可上浮

20%,各省、自治区、直辖市人民政府可根据本地区实际情况在此幅度内确定具体限额标准。

纳税人年度应缴纳税款小于上述扣减限额的,减免税额以其实际缴纳的税款为限;大于上述扣减限额的,以上述扣减限额为限。

上述人员具体包括:……3.零就业家庭、享受城市居民最低生活保障家庭劳动年龄内的登记失业人员;……

国家税务总局 人力资源社会保障部 国务院扶贫办 教育部 关于实施支持和促进重点群体创业就业有关税收政策具体操作问题的公告

2019 年 2 月 26 日   国家税务总局公告 2019 年第 10 号

一、重点群体个体经营税收政策

(一)申请

……

2……零就业家庭、享受城市居民最低生活保障家庭劳动年龄的登记失业人员,……,可持《就业创业证》(或《就业失业登记证》,下同)、个体工商户登记执照(未完成"两证整合"的还须持《税务登记证》)向创业地县以上(含县级,下同)人力资源社会保障部门提出申请。县以上人力资源社会保障部门应当按照财税〔2019〕22 号文件的规定,核实其是否享受过重点群体创业就业税收优惠政策。对符合财税〔2019〕22 号文件规定条件的人员在《就业创业证》上注明"自主创业税收政策"……

(二)税款减免顺序及额度

重点群体从事个体经营的,按照财税〔2019〕22 号文件第一条的规定,在年度减免税限额内,依次扣减增值税、城市维护建设税、教育费附加、地方教育附加和个人所得税。城市维护建设税、教育费附加、地方教育附加的计税依据是享受本项税收优惠政策前的增值税应纳税额。

纳税人的实际经营期不足 1 年的,应当以实际月数换算其减免税限额。换算公式为:

$$减免税限额 = \frac{年度减免税限额}{12} \times 实际经营月数$$

纳税人实际应缴纳的增值税、城市维护建设税、教育费附加、地方教育附加和个人所得税小于减免税限额的,以实际应缴纳的增值税、城市维护建设税、教育费附加、地方教育附加和个人所得税税额为限；实际应缴纳的增值税、城市维护建设税、教育费附加、地方教育附加和个人所得税大于减免税限额的，以减免税限额为限。

（三）税收减免管理

……零就业家庭、城市低保家庭的登记失业人员……享受本项税收优惠的，由其留存《就业创业证》（注明"自主创业税收政策"……）备查……

划重点　消痛点

根据财税〔2019〕22号文件第一条的规定，可以享受城市维护建设税、教育费附加、地方教育附加等税费优惠政策的从事个体经营的重点群体人员，除本案例中的零就业家庭劳动年龄内的登记失业人员外，还包括以下人员：

1.纳入全国扶贫开发信息系统的建档立卡贫困人口；

2.在人力资源社会保障部门公共就业服务机构登记失业半年以上的人员；

3.享受城市居民最低生活保障家庭劳动年龄内的登记失业人员；

4.毕业年度内高校毕业生。高校毕业生是指实施高等学历教育的普通高等学校、成人高等学校应届毕业的学生；毕业年度是指毕业所在自然年，即1月1日至12月31日。

第十三章
支持乡村振兴文化事业建设费优惠

第一节　增值税小规模纳税人文化事业建设费优惠

案例 99

增值税小规模纳税人月销售额不超过 2 万元，
可以免征文化事业建设费吗？

A 单位是一家农村集体经济组织，属于按月申报的增值税小规模纳税人。

2022 年 11 月，A 单位在境内为顾客娱乐活动同时提供场所和服务，当月取得娱乐服务收入 1 万元。

❓ 提问　林老师，A 单位 2022 年 11 月取得的娱乐服务收入，可以免征文化事业建设费吗？

林老师解答

可以。

◆ **政策依据**

财政部　国家税务总局
关于营业税改征增值税试点有关文化事业建设费政策及征收管理问题的通知

2016 年 3 月 28 日　财税〔2016〕25 号

七、增值税小规模纳税人中月销售额不超过 2 万元（按季纳税 6 万元）

的企业和非企业性单位提供的应税服务,免征文化事业建设费。

……

十三、本通知自 2016 年 5 月 1 日起执行。……

财政部　国家税务总局
关于营业税改征增值税试点有关文化事业建设费政策
及征收管理问题的补充通知

2016 年 5 月 30 日　财税〔2016〕60 号

一、在中华人民共和国境内提供娱乐服务的单位和个人(以下称缴纳义务人),应按照本通知以及《财政部　国家税务总局关于营业税改征增值税试点有关文化事业建设费政策及征收管理问题的通知》(财税〔2016〕25 号)的规定缴纳文化事业建设费。

……

四、本通知所称娱乐服务,是指《财政部　国家税务总局关于全面推开营业税改征增值税试点的通知》(财税〔2016〕36 号)的《销售服务、无形资产、不动产注释》中"娱乐服务"范围内的服务。

五、本通知自 2016 年 5 月 1 日起执行。……

财政部　国家税务总局
关于全面推开营业税改征增值税试点的通知

2016 年 3 月 23 日　财税〔2016〕36 号

附件1《营业税改征增值税试点实施办法》

附:

销售服务、无形资产、不动产注释

一、销售服务

……

(七)生活服务

……

3.旅游娱乐服务

……

(2)娱乐服务,是指为娱乐活动同时提供场所和服务的业务。具体包括:

歌厅、舞厅、夜总会、酒吧、台球、高尔夫球、保龄球、游艺(包括射击、狩猎、跑马、游戏机、蹦极、卡丁车、热气球、动力伞、射箭、飞镖)。

划重点 消痛点

本案例中,假定 A 单位增值税按季申报,2022 年第四季度取得娱乐服务收入 5 万元,则根据财税〔2016〕25 号文件第七条的规定,A 单位 2022 年第四季度取得的娱乐服务收入免征文化事业建设费。

第二节　减征文化事业建设费优惠

案例 100

农村集体经济组织取得的广告服务收入
可以减征文化事业建设费吗？

B单位是一家农村集体经济组织,属于增值税一般纳税人。

2022年11月,B单位在境内利用图书、报纸、杂志等各种形式为客户的商品进行宣传,当月取得广告服务收入30万元。

❓**提问** 林老师,B单位取得的广告服务收入可以减征文化事业建设费吗？

林老师解答

B单位应缴纳的文化事业建设费中,归属中央收入的部分,按照B单位应缴费额的50％减征,归属地方收入的部分,由各省(区、市)财政、党委宣传部门结合当地经济发展水平、宣传思想文化事业发展等因素,在应缴费额50％的幅度内减征。

◆ **政策依据**

财政部

关于调整部分政府性基金有关政策的通知

2019年4月22日　财税〔2019〕46号

一、自2019年12月1日至2024年12月31日,对归属中央收入的文化事业建设费,按照缴纳义务人应缴费额的50％减征;对归属地方收入的文化事业建设费,各省(区、市)财政、党委宣传部门可以结合当地经济发展水平、宣传思想文化事业发展等因素,在应缴费额50％的幅度内减征。各省(区、市)财政、党委宣传部门应当将本地区制定的减征政策文件抄送财政部、中共中央宣传部。

财政部 国家税务总局
关于营业税改征增值税试点有关文化事业建设费政策及征收管理问题的通知

2016 年 3 月 28 日　财税〔2016〕25 号

一、在中华人民共和国境内提供广告服务的广告媒介单位和户外广告经营单位,应按照本通知规定缴纳文化事业建设费。

……

十一、本通知所称广告服务,是指《财政部 国家税务总局关于全面推开营业税改征增值祝试点的通知》(财税〔2016〕36 号)的《销售服务、无形资产、不动产注释》中"广告服务"范围内的服务。

十二、本通知所称广告媒介单位和户外广告经营单位,是指发布、播映、宣传、展示户外广告和其他广告的单位,以及从事广告代理服务的单位。

十三、本通知自 2016 年 5 月 1 日起执行。……

财政部 国家税务总局
关于全面推开营业税改征增值税试点的通知

2016 年 3 月 23 日　财税〔2016〕36 号

附件 1《营业税改征增值税试点实施办法》

附:

销售服务、无形资产、不动产注释

一、销售服务

……

(六)现代服务

……

3. 文化创意服务

……

(3)广告服务,是指利用图书、报纸、杂志、广播、电视、电影、幻灯、路牌、招贴、橱窗、霓虹灯、灯箱、互联网等各种形式为客户的商品、经营服务项目、文体节目或者通告、声明等委托事项进行宣传和提供相关服务的业务活动,包括广告代理和广告的发布、播映、宣传、展示等。

第十四章
支持乡村振兴政府性基金优惠

案例 101

农村集体经济组织的月销售额不超过 10 万元，可以免征教育费附加、地方教育附加、水利建设基金吗？

A 单位是一家农村集体经济组织，属于增值税按月申报的一般纳税人。

2022 年 11 月，A 单位在境内销售货物取得收入 9 万元，并申报缴纳了增值税。

💬 提问 林老师，A 单位 2022 年 11 月销售额不超过 10 万元，可以免征教育费附加、地方教育附加、水利建设基金吗？

林老师解答

可以。

◆ 政策依据

财政部 国家税务总局
关于扩大有关政府性基金免征范围的通知

2016 年 1 月 29 日　财税〔2016〕12 号

一、将免征教育费附加、地方教育附加、水利建设基金的范围，由现行按月纳税的月销售额或营业额不超过 3 万元（按季度纳税的季度销售额或营业额不超过 9 万元）的缴纳义务人，扩大到按月纳税的月销售额或营业额不超过 10 万元（按季度纳税的季度销售额或营业额不超过 30 万元）的缴纳义务人。

......
三、本通知自 2016 年 2 月 1 日起执行。

划重点　消痛点

　　本案例中,假定 A 单位增值税按季申报,2022 年第四季度在境内销售货物取得收入 28 万元,并申报缴纳了增值税,则根据财税〔2016〕12 号文件第一条的规定,A 单位 2022 年第四季度取得的收入免征教育费附加、地方教育附加、水利建设基金。